채우고
비우고
단단해지는

시간들

니체부터 헤세까지 고전 명문장 필사

Times of filling emptying and solidifying

채우고
비우고
단단해지는

시간들

이호건 지음

좋은 글을 따라쓰면
생각이 깊어진다

애플씨드
APPLE SEED

"우리는 모두 자기 안에 숨겨진 정원과 식물을 갖고 있다."

– 프리드리히 니체 –

차례

행복이 글을 통해 내게로 왔다

"이 또한 지나가리라!"

살면서 한 번쯤은 되뇌는 말이다. 인생을 살다 보면 예기치 못한 고난이나 시련이 찾아와 우리를 불행에 빠뜨린다. 하지만 아무리 큰 고통도 지속되지 않고 잠시 지나가는 바람에 불과하다면, 인생은 그런대로 살만한 것이 된다. 따라서 앞의 말은 큰 위안을 준다. 아무리 극심한 고통의 시간도 얼마 지나지 않아 곧 끝날 것이기 때문이다. 그런데, 솔직하게 한번 물어보자. 고난과 시련이 찾아왔을 때 "이 또한 지나가리라"라는 주문을 외기만 하면, 불행이 잠시 머물다가 금방 사라지는가? 안타깝게도 장담할 수 없다. 그 주문이 고통에 빠진 당사자에게 한 줄기 빛을 주는 건 사실이지만, 그것이 실제 고통을 없애주거나 불행을 행복으로 바꾸는 '요술램프'가 되지는 않는다.

독일 철학자 하이데거가 이런 말을 했다. "언어는 존재의 집이다. 언어라는 가옥 안에 인간은 거주한다." 인간의 존재는 자신이 사용하는 언어 수준을 넘어서지 못하며, 자신이 사용하는 언어에 따라 삶의 모습이 결정된다는 뜻이다. 고난이나 시련이 찾아왔을 때 "이 또한 지나가리라"라는 주문을 외는 사람은 이제 어떻게 행동할까? 그냥 버티고만 있을 가능성이 높다. 지금 닥친 시련도, 이 또한 지나갈 것이라고 믿기 때문이다. 이처럼 우리가 무심결에 내뱉는 말이 존재와 삶의 모습을 결정한다. 따라서 평소에 어떤 언어를 사용하는지는 매우 중요한 문제다. 시련과 불행 앞에서 단지 시간이 지나면 해결될 것이라며 주문만 외고 있다면, 그는 적극적으로 문제를 해결하기보다는 비루한 현실을 견디고만 있을 가능성이 높다.

그렇다면, 고난과 시련이 닥쳤을 때 어떤 말을 되뇌는 것이 좋을까? 독일 철학자 니체라면 이런 주문을 욀 것이다. "고통만이 인간을 성숙시킨다. 나를 죽이지 않는 고통은 나를 성장시킨다." (본문 '시련' 편 참고) 철학자답게, 니체는 고통을 불러오는 현실 앞에서 어설픈 위로의 말을 건네지 않는다. 그는 고통스러운 현실을 직면하고, 그 과정을 성장의 계기로 삼아야 한다고 보았다. 고난과 시련 속에서도 니체의 "고통만이 인간을 성숙시킨다"라는 말을 떠올리는 사람은 고통에 맞서 원인을 탐색하고 올바른 해결책을 모색하기 위해 행동한다. 그 과정을 한 단계 높은 수준으로 성장시키는 기회로 삼는다. 그에게 찾아온 시련은 단지 고난과 불행으로만 점철되지 않는다. 지금의 고통이 성장과 성숙의 계기를 만들어주기 때문이다.

대체로 위대한 사상가는 평범한 사람들보다 사용하는 언어의 수준이 높다. 그 결과, 존재의 깊이도 남다르다. 그들은 배움과 성찰을 통해 인생과 세계에 대해 깊이 통찰한다. 겉으로 드러난 현상만이 아니라 근본 원리와 본질을 탐구하려 노력한다. 그렇기 때문에 그들은 고통이 동반되는 인생의 문제에서도 임시 조치를 하거나 아픔만을 잠시 잊게 해주는 진통제를 처방하지 않는다. 고통을 불러오는 현실을 직면한 후 제대로 된 치료제를 제시한다. 물론 그들의 처방이 단기적으로는 더 고통스러울 때도 있다. 하지만 그 고통은 완전한 치료를 위해 반드시 거쳐야 할 단계이며, 다시는 상처가 재발하지 않도록 몸을 단단하게 만드는 정상적인 과정이다.

행복한 삶을 살고자 한다면 자신의 존재 수준을 높여야 한다. 그러기 위해서는 언어의 수준을 향상해야 한다. 하이데거의 주장처럼, 언어가 존재의 집이기 때문이다. 언어 수준을 높이기 위해서는 평소 위대한 사상가의 좋은 글을 많이 접해야 한다. 인간과 세계에 관해 깊이 통찰했던 그들의 글을 통해 생각을 깊게 만들고, 사용하는 언어의 수준을 높여야 한다. 물론 좋은 글을 많이 접한다고 해서 눈앞의 현실이 바뀌는 것은 아니다. 하지만 현실을 바라보는 관점과 태도를 바꿀 수 있고, 이를 통해 불행을 행복으로 바꿀 지혜를 얻을 수 있다. 좋은 글을 읽고 자신의 것으로 만들면, 행복이 글을 통해 들어오는 경험을 할 수 있다. 행복은 글을 통해 내게로 온다.

...

이 책은 고전 속 명문장을 필사하기 위한 목적으로 쓰였다. 우리는 왜 필사를 해야 하는가? 필사는 남의 문장을 베껴 쓰는 행위다. 좋은 글을 펜으로 꾹꾹 눌러가며 베껴 쓰다 보면, 자연스레 문장 하나하나를 곱씹게 되고, 숨은 뜻을 음미하게 된다. 따라서 필사는 가장 깊은 수준의 독서다. 동시에 필사는 가장 효과적인 글쓰기 훈련이다. 철학자 비트겐슈타인이 이런 말을 했다. "나는 사실상 펜으로 생각한다. 왜냐하면 내 머리는 종종 내 손이 무엇을 하고 있는지 모르기 때문이다." 사람들은 흔히 생각을 담당하는 신체 기관은 머리이며, 머릿속 생각을 손이 받아서 글을 쓴다고 믿는다. 하지만 비트겐슈타인에 따르면, 생각하고 글을 쓰는 역할은 머리가 아닌 손이 담당하고 있다. 머리는 자기 손이 무엇을 생각하고 어떤 글을 쓰는지 알지 못한다. 따라서 좋은 글을 쓰려면 손이 똑똑해야 한다. 필사는 생각과 글쓰기를 담당하는 기관인 '손'을 단련시키는 가장 좋은 훈련법이다.

흔히 사람들은 작가를 '창작자'라고 부른다. 세상에 없는 새로운 것을 만들어서 독창적으로 글을 쓴다고 생각한다. 하지만 하늘 아래 새로운 것이란 없다. 『롤리타』의 작가로 유명한 블라디미르 나보코프는 "창작 행위는 표절 행위"라고 단언했다. 어니스트 헤밍웨이는 "모든 글쓰기는 고쳐 쓰기"라고 했다. 대부분의 창작은 모방에서 시작된다. 생각이나 글쓰기도 마찬가지다. 세상에는 완전한 무無에서 새로운 유有를 창출하는 사람은 없다. 그것은 신만이 할 수 있는 영역이다. 모든 작가는 기존의 작품을 참고하여 글을 쓴다. 좋은 글을 필사하면 생각이 깊어진다. 작가의 사유와 통찰력이 펜을 통해 자연스럽게 흡수되기 때문이다. 훌륭한 문장을 베껴 쓰다 보면 글 쓰는 능력도 향상된다. 좋은 글에 대한 감각이 손에 아로새겨지기 때문이다.

어떤 글을 베껴 쓰는지도 중요하다. 가장 추천하고 싶은 것은 '고전'이다. 고전이란 말 그대로, '오래된 책'이다. 하지만 오래전에 만들어졌다고 모두 고전의 반열에 오르는 것은 아니다. 움베르토 에코는 고전을 지은 작가를 다음과 같이 명명했다. "고전 작가란 오랜 세월 동안 시간의 타성과 망각의 사이렌 소리를 물리친 작가다." 고전이란 단지 오래된 책을 의미하지 않는다. 오랜 기간 세월의 풍화를 견디며 역사의 검증을 거친 책을 말한다. 대개 고전은 세계와 인간에 대한 근본 문제에 대해 질문하고 대답하는 과정에서 지적 통찰을 쌓은 책이다. 그렇기 때문에 오랫동안 많은 사람에게 널리 읽히며 모범이 되었다. 따라서 고전의 문장을 필사하면 글쓴이의 깊은 사유와 빛나는 통찰을 자기 것으로 만들 수 있다.

이 책에는 남다른 사유와 번뜩이는 통찰을 담은 고전 명문장을 담았다. '명문장'이라고 해서 여기 소개된 문장이 고전의 역사에서 가장 유명하거나 뛰어난 글이라는 뜻은 아니다. 고전 중에는 난해하고 해석이 어려운 글이 참 많다. 전문 연구자의 설명과 해설서의 도움 없이는 도통 무슨 말인지 알기 힘든 글도 허다하다. 따라서 여기서는 고전의 역사에서 빼놓을 수 없는 글이지만 해석이 어렵고 부연 설명이 있어야만 이해할 수 있는 문장은 제외했다. 평소 고전에 익숙하지 않은 일반인의 눈높이에도 직관적으로 읽히면서 빛나는 통찰을 담고 있는 문장만 골라 담았다. 그럼에도 이해를 돕기 위해 각 문장 아래에는 간략한 해설을 담아 작가가 말하고자 하는 바를 분명히 해두었다. 작가의 사유에 조금 더 관심이 생긴다면 원문을 찾아보라는 의도에서 출처도 표기했다.

철학자 니체가 이런 말을 했다. "모든 글 가운데서 나는 피로 쓴 글만 사랑한다." 글에 대한 '취향 고백'쯤으로 읽히기도 하는데, 그가 말한 '피로 쓴 글'이란 작가가 혼을 담아 쓴 글을 말한다. 알량한 지식을 자랑하거나 어설픈 글솜씨를 뽐내려고 갖은 미사여구로 치장한 글보다는 작가의 진실한 정신을 오롯이 담아낸 글이 더 좋다는 뜻이다. 감히 말하지만, 여기 소개된 글은 모두 '피로 쓴 글'이라 확신한다. 각 문장에는 작가의 정신과 혼이 온전히 녹아 있다고 믿어 의심치 않는다.

거듭 강조하는 말이지만, 좋은 문장을 베껴 쓰다 보면 생각이 깊어진다. 생각이 깊어진 만큼 존재도 달라진다. 평소 내가 하는 생각과 사용하는 언어가 곧 나의 존재이자 내가 살아가는 세계이기 때문이다. 19세기 중반에 찰스 다윈은 "환경에 잘 적응한 종은 살아남고, 그렇지 못한 종은 사라진다"라면서 이른바 '적자생존'의 법칙을 주장한 바 있다. 하지만 지금은 그 의미가 달라져야 한다. 오늘날의 적자생존이란 '**적**는 **자**가 **생존**한다(살아남는다)'라는 뜻으로 읽혀야 한다. 우리는 생존하기 위해서 적어야(필사해야) 한다. 자신의 세계를 넓히고 존재를 풍부하게 만들기 위해서 적어야 한다. 지금 내가 쓴 글이 나의 존재를 높여주고, 나를 행복하게 만들어주니까. 여기 소개한 좋은 글귀가 한 줄기 빛과 소금이 되기를 희망한다.

2024년 겨울 시작 즈음에
이 호 건

01

　인간이 느낄 수 있는 감정 중에서 가장 좋은 것을 꼽으라면, 아마도 '사랑'이라고 답하는 사람이 많을 것이다. 대중가요의 노랫말에도 '사랑'이란 표현이 가장 많이 등장하는 것도 이와 무관치 않다. 사랑에 열병을 앓아본 사람이라면, 사랑이 인간이 느낄 수 있는 가장 고귀하면서도 행복한 감정이라는 점에 동의할 것이다.

　특별히 사랑에 관해 깊이 연구했던 스페인 철학자 호세 오르테가 이 가세트는 『사랑에 관한 연구』에서 사랑을 다음과 같이 정의했다. "사랑은 아주 고귀한 행위인 동시에 인간이 저지를 수 있는 가장 낮은 행위다." 사랑에 빠지면 당사자는 높은 몰입감과 황홀감을 경험할 수 있으므로 아주 고귀한 행위라 할만하다. 하지만 사랑에 빠진 사람은 그 대상을 향한 몰입 때문에 나머지를 모두 배제해 버린다. "사랑 때문에 눈이 멀었다"라는 말도 이 때문에 생겼다. 따라서 사랑은 인간이 저지를 수 있는 가장 낮은 행위이며, 사랑은 당사자를 백치 상태로 만들기도 한다.

　『사랑 예찬』의 저자인 프랑스 철학자 알랭 바디우는 "사랑은 세계의 법칙들에 의해서는 계산되거나 예측할 수 없는 하나의 사건이다"라고 주장했다. 사랑이 가진 이러한 특성, 즉 계산되지 않고 예측 불가능한 특성으로 인해 사람들은 사랑에 불같이 빠져든다.

'사랑'에 대하여

사랑에 빠진 사람은 앞뒤를 가리지 않으며, 무모하기 일쑤다. 마치 내일이 없는 사람처럼 행동한다. 하지만 그러한 사실 때문에 사랑은 그 무엇보다 뜨겁고, 달콤하고, 황홀하고, 격정적이다.

　이렇듯 사람들은 열정적인 사랑을 고대하지만, 정작 사랑에 대해서는 잘 알지 못한다. 독일 철학자 에리히 프롬은『사랑의 기술』에서 다음과 같이 적었다. "현대인들은 사랑을 갈망하고, 수많은 사랑의 이야기에 귀를 기울인다. 그러나 사랑에 대해서 배워야 할 것이 있다고 생각하는 사람은 거의 없다." 프롬에 따르면, 사람들이 사랑에 실패하는 가장 큰 이유는 배우지 않기 때문이다. 사랑을 갈망하지만 정작 사랑에 대해 배우지 않기 때문에 사랑에 실패한다는 것이다. 사랑에 정답이 없지만, 사랑에 이르기 위해서는 배움이 필요하다. 배우지 않고는 열정적인 사랑을 경험할 수 없고 자기만의 사랑에 이를 수도 없다.

사랑은 〈나〉와 〈너〉 사이에 있다

사랑은 〈나〉와 〈너〉 사이에 있다.

이것을 모르는 사람, 곧 그의 존재를 기울여 이것을 깨달은
사람이 아니면 비록 그가 체험하고, 경험하고, 향유하고,
표현하는 감정을 사랑에 돌린다 하여도 그는 사랑을 모른다.

사랑이란
하나의 우주적인 작용이다.
(…)
사랑이란
한 사람의 〈너〉에 대한 한 사람의 〈나〉의 책임이다.
(…)
관계는 상호성이다.
내가 나의 〈너〉에게 영향을 주듯이
나의 〈너〉는 나에게 영향을 미친다.

– 마르틴 부버, 『나와 너』

사랑은 '체험하고, 경험하고, 향유하고, 표현하는' 감정적 활동이 아
니다. 내가 갈망하는 '너'는 나의 소유물도 아니고, 내가 손에 넣고
싶은 '대상'도 아니다. 사랑은 기본적으로 '상호성'의 관계다. 사랑
은 '나와 너 사이'에 존재하는 '우주적인 작용'이다. 각자 자유롭고

독자적인 존재였던 '나'와 '너'가 상대방의 존재에 영향을 줌으로써 기존의 세계를 완전히 바꾸어 버리는, 그야말로 우주적인 사건이다. 따라서 사랑에는 책임이 따를 수밖에 없다. 나로 인해 너의 세계가, 너로 인해 나의 세계가 이전과는 완전히 달라졌기 때문이다.

사랑, 그리고 의미

사랑은 도처에서, 아무것도 아닌 것에서,
항상 의미를 만들어내며,
이 의미가 사랑을 전율케 한다.

사랑은 의미의 도가니 안에 있다.

– 롤랑 바르트, 『사랑의 단상』

소설가 스탕달은 "사랑은 환상에 불과하다"라면서 사랑의 본질을 펌훼하는 발언을 했지만, 모종의 환상이 개입되지 않고서는 사랑이 시작되기 어렵다. 자기 눈앞의 대상이 '백마 탄 왕자'나 '백설 공주'와 비슷하다는 착각에 빠져야 큐피드의 화살이 날아온다. 말하자면, 사랑은 실제가 아니라 환상에서 시작된다. 바르트의 표현을 빌리면, 사랑은 일종의 '의미 만들기'다. 사랑에 빠지면 "도처에서, 아무것도 아닌 것에서, 항상 의미를 만들어"낸다. 상대방의 일거수일투족을 놓치지 않으며, 모든 행위와 몸짓과 말투에 의미를 부여한다. 이처럼 사랑은 아무것도 아닌 것에서 의미를 창조하는 고도의 작업이다. 따라서 사랑에 빠진 사람은 누구나 시인이 된다.

사랑은 공통분모가 없다

사랑은 위대한 신비라는 거, 이 말 빼고는
사람들이 사랑에 대해서 말하고 쓴 건
전부 사랑에 대해 물음표만 더할 뿐이다.
(…)
사랑에는 공통분모가 없다.
하나하나의 사랑이 그 자체로 소중할 뿐이다.

‑ 안톤 체호프, 『사랑에 대하여』

누구나 한 번쯤은 사랑을 경험하지만 정작 '사랑이 무엇입니까?'라
는 질문에는 답하기가 쉽지 않다. 그냥 '사랑은 눈물의 씨앗'이라거
나 '사랑은 받는 것이 아니라 주는 것'이라며 유행가 가사를 읊조릴
뿐이다. 그래서일까? 체호프는 "사랑은 위대한 신비"라는 답변 외
에는 의문만 더할 뿐이라고 주장했다. 확실히 사랑은 딱히 '이거다!'
라고 정의하기 어려운 감정이다. 왜 그럴까? 가장 큰 이유는 개개
인이 하는 사랑에 "공통분모가 없"기 때문이다. 공통점이 없으므로
각자의 사랑을 두고 비교하거나 평가할 필요가 없다. 개별적이고
독자적인 자신만의 사랑에 집중하면 그만이다. 체호프의 주장처
럼, "하나하나의 사랑이 그 자체로 소중할 뿐"이니까.

사랑에 대한 착각

사랑은 수동적 감정이 아니라 활동이다.
사랑은 '참여하는 것'이지 '빠지는 것'이 아니다.
(…)
사람들은 대부분 사랑이 능력에 의해서가 아니라
대상에 의해서 성립된다고 믿고 있다.
이것은 명백한 오류다.
(…)
사람들은 사랑이 활동이며 영혼의 힘임을 알지 못하기에
단지 올바른 대상을 찾아내기만 하면
그 밖의 일은 모두 저절로 될 것이라고 믿는다.

— 에리히 프롬, 『사랑의 기술』

흔히 사람들은 올바른 대상이 자기 눈앞에 나타나면 애정이 솟아나서 사랑을 시작할 수 있다고 믿는다. 하지만 이는 명백한 오류다. 프롬에 따르면, 사랑에서 핵심은 얼마나 매력적인 대상을 만나는가가 아니다. '사랑'이라는 활동에 기꺼이 참여할 수 있는 당사자의 능력이 훨씬 중요하다. 이러한 능력을 갖추지 못했다면 설령 매력적인 대상이 나타났다 하더라도 사랑으로 발전하지 않는다.

02

철학자 아리스토텔레스에 따르면, "인간이 추구하는 모든 활동은 행복을 얻기 위함"이다. 행복이란 인간이 행하는 모든 활동의 궁극적인 목적이다. 행복을 제외한 활동은 모두 행복에 이르기 위한 수단으로 채택한 것이다. 우리가 사랑을 하고 결혼을 하는 이유도, 직장을 다니고 취미 활동을 하는 이유도 모두 행복을 얻기 위함이다.

사람은 누구나 행복해지길 바란다. 하지만 간절히 원한다고 해서 행복이 주어지는 것은 절대 아니다. 공리주의 철학자로 잘 알려진 존 스튜어트 밀은 "나는 지금 행복한가 하고 자기 자신에게 물어보면 그 순간 행복하지 못하다고 느끼게 된다"라고 했다. 철학자 스피노자는 "행복은 힘들고도 드문 일"이라고 했다. 소설가 헤르만 헤세도 "그대가 행복을 추구하는 한, 그대는 언제까지나 행복해지지 못한다"라고 했다. 행복이라는 파랑새는 자신을 잡으려 하는 사람의 손에는 절대 날아와 앉지 않는다.

행복을 얻으려면 어떻게 해야 할까? 『알랭의 행복론』의 저자, 에밀 사르티에는 행복에 이르기 위해서는 먼저 행복해지는 방법을 배워야 한다고 강조했다. "모든 일이 다 그렇지만 행복해지려면 행복해지는 법을 배워야 한다." 사실 인생에서 가치 있고 고귀한 것

'행복'에 대하여

이 거저 주어지는 법은 없다. 사랑이 그렇고, 자유가 그렇고, 정의
가 그렇다. 행복 또한 마찬가지다. 행복을 얻으려면 그 방법을 찾
기 위해 배우고 그것을 이루기 위해 노력해야 한다. 하지만 사람들
은 아무 노력도 기울이지 않고 "행복이 언제나 우리 손에서 달아난
다"라면서 하소연만 늘어놓는 때도 많다.

　행복은 기적처럼, 어느 날 하늘에서 떨어지지 않는다. 누군가가
나를 위해 선물로 보내주는 것도 아니다. 남이 자기를 행복하게 만
들어주기를 기다리는 왕자님이나 공주님은 결코 행복해질 수 없
다. 행복의 본질과 의미를 모르는 사람에게 행복의 싹은 자라나지
못한다. 행복을 얻기 위해서는 배움과 노력이 수반되어야 한다. 사
랑처럼, 행복에 이르기 위해서도 공부가 필요하다. 행복의 본질은
무엇이며, 어떤 상태가 참된 행복인지를 배워야 한다.

행복의 노래

행복을 애써 찾아다니는 한,
그대는 아직 성숙한 행복을 얻지 못한다.
그대가 가지고 있는 것이 가장 귀한 것이다.

잃어버린 것을 한탄하는 한,
많은 목표를 세우고 쉬지 않고 달리는 한,
그대는 평안이 무엇인지를 알지 못한다.

모든 소원을 포기할 때 비로소,
그대의 목적이 아직 욕망으로 변하지 않을 때 비로소,
행복을 더는 이름으로 부르지 않을 때 그때 비로소,
그대의 가슴에 풍파가 일지 않고
그대 영혼에 쉼을 얻으리라.

– 헤르만 헤세, 『행복의 노래』

행복이란 참으로 묘한 녀석이다. 마치 청개구리와 같다. 행복은 자신을 애써 찾아다니는 사람에게는 요리조리 피해 간다. 지금 가지고 있는 것에 만족하지 못하고, 잃어버린 것에 한탄하고, 많은 목표를 향해 쉼 없이 달리는 자에게는 행복이 더 멀리 도망쳐버린다. 모든 소원을 포기할 때, 행복을 더는 찾지 않을 때 비로소, 행복이 살며시 찾아와 평안과 영혼의 쉼을 안겨준다.

행복한 사람은 행복을 볼 수 없다

사람은 행복을 가지는 것이 아니라 그 안에 존재하는 것이다.
그렇다. '행복'이란 어머니 품속에 있던 포근함을 본뜬,
'둘러싸여 있는 상태'와 다르지 않다.

그러나 그 때문에 행복한 사람은 자신이 그런 줄 알지 못한다.
행복을 볼 수 있기 위해 그는, 이미 어머니 배 속에서 나온
사람처럼, 행복에서 나와야만 할 것이다.

'나는 행복하다'라고 말하는 사람은 거짓말을 하는 것인데,
그것은 그가 행복을 불러냄으로써 행복에 죄를 짓기 때문이다.
'나는 '행복했었다'라고 말하는 사람만이 행복에 대한
신의를 지키는 것이다.

의식이 행복과 갖는 유일한 관계는 '감사'다. 이러한 감사
속에 무엇과도 비교할 수 없는 행복의 품위가 들어 있다.

– 테오도르 아도르노, 『미니마 모랄리아』

"나는 지금 너무너무 행복합니다!"라고 말하는 이가 있다면, 그는
거짓말을 하는 것이다. 아도르노의 주장처럼, 행복은 "가지는 것이
아니라 그 안에 존재한 것"이기 때문이다. 마치 아기가 어머니 품속
에 안겨 포근함을 느끼고 있는 상태와 같다. 해서, 행복한 사람은 정
작 자신이 행복한 줄 모른다. 만약 행복을 입 밖으로 내뱉는다면 그

는 이미 행복한 상태에서 벗어난 것이다. 우리가 행복을 말할 수 있
는 유일한 때는 "나는 행복했었다"라고 과거형으로 말하는 것이다.
우리 의식이 행복을 알아채는 순간은 지나간 일에 대해 감사의 마
음을 가질 때다.

행복을 만나는 길

불행해지고 불만스러워지는 것은 어려운 일이 아니다.
사람들이 즐겁게 해주길 기다리는 왕자처럼
가만히 앉아 있기만 하면 된다.
(…)
그러나 분명한 것은
행복하게 된다는 것은 언제나 어려운 일이지만,
행복해지기를 원치 않으면
행복해 질 수 없다는 사실이다.

그러므로 우선 스스로 행복해지길 원하고
이를 만들어 가야 한다.

– 에밀 사르티에,『알랭의 행복론』

행복과 불행은 동일선상의 양극단에 있는 개념이 아니다. 따라서
우리가 행복과 불행을 만나는 방법과 절차도 다르다. 살면서 불행
을 만나는 일은 매우 쉽다. 그냥 가만히 기다리고 있으면 된다. 그러
면 얼마 지나지 않아 불행이란 녀석이 찾아와서 우리를 고통 속으
로 처박아 버린다. 하지만 행복은 그런 식으로 찾아오지 않는다. 우

리가 행복과 만나기 위해서는 상당한 노력을 기울여야 한다. 먼저 자신이 행복해지길 간절히 원해야 하고, 다음으로는 그것을 만들기 위해 노력과 정성을 들여야 한다. 그런 뒤라야 행복이란 녀석이 살며시 얼굴을 내민다. 행복은 참으로 경계심이 많고 조심스러운 녀석이다.

행복의 형이상학

진정한 행복은
자신의 내부에서
자기에게 있는지 미처 몰랐던
무언가를 실행할 능력을 발견하는 데에 있다.
(…)
행복,
그것은 세계의 관점에서 불가능했던
무언가의 강력하고 창조적인
실존을 향유하는 것이다.

– 알랭 바디우, 『행복의 형이상학』

행복이란 삶에서 충분한 만족과 기쁨을 느끼는 상태를 말한다. 최고의 행복은 어떤 상태일까? 달리 말하면, 최고의 만족과 기쁨을 느끼는 상태는 언제일까? 바디우에 따르면, 최고의 행복은 "창조적 실존을 향유"할 때다. 자기 안에서 자신도 미처 몰랐던 어떠한 능력을 발견하는 순간이다. 세상 사람이 모두 불가능하다고 말하고 자신도 전혀 깨닫지 못했던, 새로운 능력을 발견하는 순간이야말로 최고의 행복을 경험하는 것이다.

드물고 고귀한 행복

만일 행복이 눈앞에 있다면
그리고 큰 노력 없이 찾을 수 있다면,
그것이 모든 사람에게서 멀어지는 일이
도대체 어떻게 있을 수 있을까?

그러나 모든 고귀한 것은 힘들 뿐만 아니라 드물다

– 바뤼흐 스피노자, 『에티카』

사람은 누구나 행복해지길 바란다. 하지만 그러한 소망은 쉽게 이루어지지 않는다. 왜 그런가? 스피노자에 따르면, 행복의 속성이 본디 그러하기 때문이다. 행복은, 누구나 원하지만, 누구에게도 쉽게 허락되지 않는 그 무엇이다. 그만큼 '고귀한 것'이다. 행복과 같이 '고귀한 것'은 아무에게나, 큰 노력 없이 쉽게 주어지지 않는다. 이런 이유로 행복은-모든 사람의 바람에도 불구하고-힘들 뿐만 아니라 드물다. 그렇기 때문에 우리는 여전히 행복을 갈구해야 한다. 그만큼 고귀한 것이니까.

03

"너 자신을 알라!" 고대 그리스 델포이 신전 기둥에 새겨진 것으로 알려진 이 문구는 많은 사람을 당혹스럽게 만들었다. 자신을 알기 위해 '나는 누구인가'라는 질문을 아무리 해봐도 좀처럼 답을 찾기 어렵기 때문이다. 내가 누구인지, 나의 본질은 무엇인지, 나를 한마디로 규정할 수 있는 정체성이 무엇인지는 결코 쉽게 답할 수 있는 성질의 것이 아니다. 정체성이란 '어떤 존재의 변하지 않는 성질'을 뜻한다. 불교에서는 이를 '자성自性'이라고 표현하는데, '자기동일성'과 같은 뜻이다. 자기동일성이란 인간에게는 시간이 지나도 변하지 않는 특성이 있음을 가정한다. 세월이 아무리 흘러도 '변하지 않는 나'라는 게 있다는 걸 전제로 한 논리다.

정체성, 다시 말해 자기동일성은 누구나 가지고 있는 것일까? 그것이 실제로 존재하기나 한 것일까? 만약 그것이 실제로 존재한다면 우리는 자기가 누구인지를 어렵지 않게 발견할 수 있을 것이다. 그런데 만약 그러한 개념이 애초부터 없다면? 자기동일성이란 말이 잘난 체하기를 즐기는 사람들의 언어적 유희에 불과하다면, '너 자신을 알라'는 가르침은 공허한 말장난에 그칠 수도 있다.

사실 '나는 누구인가'라는 물음은 평생토록 입에 달고 살아야

'나다움'에 대하여

할 질문이다. 자신의 진정한 본질이나 정체성을 찾는 일은 평생을 바쳐야 하는 필생의 과업에 해당한다. 고대 그리스 철학자 헤라클레이토스가 "우리는 같은 강물에 두 번 발을 담글 수 없다"라고 했듯이, 우리 개개인도 강물처럼 계속 흘러가는 존재다. 우리는 살면서 한 번도 완성된 자기를 경험하지 못한다. 흐르는 강물처럼, 우리 인간도 언제나 진행형이자 흐름으로만 존재하기 때문이다. 평생에 걸쳐 '나는 누구인가?'를 끊임없이 질문하고 성찰하는 과정에서 생의 마지막 순간에라도 찾을 수 있다면 그나마 다행이다.

이런 의미로 보자면, 우리는 모두 자신의 정체성을 찾아 나선 여행자의 운명이다. 자신이 원하건 원하지 않건 간에 태어나면서부터 우리는 자기 자신을 찾아가는 여정을 출발했다. 운이 좋아서 원했던 목적지에 도달하는 사람도 있을 것이고, 이곳저곳을 헤매다가 생을 마감하는 사람도 있을 것이다. 성공했다고 기뻐할 것도 없고, 실패했다고 억울할 일도 아니다. 어쨌거나 그 또한 각자의 인생이니까. 목적지에 도달한 여행만이 가치 있는 것은 아니다.

자기실현

우리는 덧없고,
우리는 형성 중이며,
우리는 가능성이다.
우리는 완벽하거나 완성된 존재가 아니다.

그러나 우리가 잠재 상태에서 행동으로,
가능성에서 실현으로 나아갈 때
우리는 참 존재에 속하게 되며,
완전한 것, 신적인 것에 조금이나마 닮게 되는데,
이것을 자기실현이라고 한다.

– 헤르만 헤세, 『신학단상』

인간은 언제나 진행형의 존재다. 우리는 살면서 한 번도 완성된 자기를 경험하지 못한다. 헤세의 주장처럼, 우리는 언제나 "형성 중"에 있으며, "가능성"으로만 존재하기 때문이다. 그렇기에 우리는 완전성을 향해 나아가야 한다. 자신의 가능성을 실현하기 위해 불확실한 미래를 향해 자신을 내던져야 한다. 그것만이 참 존재에 다가가는 방법이며, 자기실현에 이르는 길이다.

나를 찾는 여행

어떤 사람이 가장 잘할 수 있는 것이 무엇인지
가르쳐줄 수 있는 것은 그를 만든 조물주뿐이다.

자신이 타고난 본분이 무엇인지는
직접 해보기 전에는 알지 못하며, 알 수도 없다.

– 랠프 월도 에머슨, 『자기 신뢰』

우리는 대부분 자기 자신을 잘 모른다. 인생이란 무엇을 이루기 위
해서가 아니라 참된 나를 찾기 위한 여정이다. 여행 중에 우리는 웅
덩이에 빠지기도 하고, 넘어지기도 해야 한다. 직접 부딪히면서 온
몸으로 느껴야 한다. 살과 뼈를 통해 전해오는 생생한 느낌만이 진
짜이며, 그것을 통해 우리는 자기 자신을 조금씩 알아간다. 타인의
경험담이나 거짓 체험으로는 결코 자기를 발견할 수 없다.

내 안의 활화산

우리는 모두
자기 안에 숨겨진 정원과 식물을 갖고 있다.

달리 비유하면
우리는 모두 언젠가 분출하게 될 활화산이다.

그러나 이것이 얼마나 가까운 시간에,
혹은 먼 후에 이루어질지는 아무도 모른다.
심지어 신조차도.

– 프리드리히 니체, 『즐거운 학문』

니체는 모든 인간의 가능성을 긍정했다. 그의 주장처럼, 모든 사람은 자기 안에 "숨겨진 정원과 식물"을 갖고 있으며 "언젠가는 분출하게 될 활화산"이기 때문이다. 하지만 안타깝게도 그러한 사실을 인식조차 하지 못하는 때가 많다. 왜 그런가? 그것들이 드러나지 않고 숨겨져 있기 때문이다. 숨겨져 있기에 그것을 발견하지 못한 이에게는 마치 존재하지 않는 것처럼 여겨진다. 그 결과, 끊임없이 분출할 기회를 엿보던 활화산은 끝내 휴화산이 되고 만다. 참으로 안타까운 일이다.

자기에 대한 배려

자기를 배려하기 이전에 타인을 배려해서는 안 된다.
자기와 자기의 관계는 자기와 타인의 관계보다
존재론적으로 우선하기 때문에 도덕적으로도 우선한다.

– 미셸 푸코,「자유의 실천으로서의 자기 배려의 윤리(1984년 대담)」

타인과 더불어 사는 사회에서 타인을 위하고 배려하는 태도는 매우 중요하다. 하지만 푸코는 타인에 대한 배려에 앞서 자기 자신을 먼저 배려해야 한다고 강조했다. 왜냐하면 타인보다 자신이 존재론적으로 우선하기 때문이다. 또한 그렇기 때문에 도덕적으로도 우선한다. 너무 이기적인 태도라고 비난하고 싶을지도 모른다. 하지만 평소 자신을 배려하지 않는 사람은 타인을 배려할 수 없다. 누군가를 도와주고 보살펴주는 배려는 태도의 문제가 아니라 능력의 문제다. 평소 자신을 배려하지 않으면, 진정으로 타인을 배려할 만큼의 능력을 갖추지 못하고 만다. 자신을 사랑하고 배려하는 사람만이 타인을 배려할 수 있다.

04

"만물은 항상 변화 속에 있다." 고대 그리스 철학자인 헤라클레이토스가 한 말이다. 우리가 사는 세계는 한 번도 제자리에 머물러 있지 않고 끊임없이 변하고 있다. 그런데 변하는 것은 세상(세계)만이 아니다. 나 또한 끊임없이 변하고 있다. 오늘의 나는 어제와는 다른 사람이다. 내일이면 또 달라질 것이다. 프랑스 철학자 앙리 베르그송도 생명의 본질을 변화와 생성의 과정으로 보았다. 그에 따르면, 생명은 한곳에 머물지 않고 부단히 변하면서 끊임없이 새로운 것을 만들어 가는 과정 중에 있다. 내부로부터 생명의 비약(그는 이것을 '엘랑비탈'이라고 표현했다)을 통해 미래를 향해 나아가며 창조적으로 진화한다. 만약 이러한 생명의 비약을 멈추게 되면 그는 더는 생명이 아니다. 물질에 불과하다. 요컨대 생명의 본질은 끊임없는 변화와 생성, 창조에 있다. 따라서 생명인 우리도 끊임없는 변화와 생성의 과정에 몸을 던져야 한다. 현재는 과거와 달라야 하고, 미래는 현재보다 새로워져야 한다. 그래야 '생명'이다. 만약 변화와 생성의 과정을 멈추면 생명이 아니라 물질이며, 삶이 아니라 죽음이다.

사람들은 흔히 "세월이 흐른다"라고 말하지만, 이는 사실이 아니다. 흘러가는 것은 세월이 아니라 우리 인간이다. 프랑스 시인 에

'변화와 성장'에 대하여

르베 바진이 이런 말을 했다. "강이 흐르는 것이 아니라 물이 흐른 다. 세월이 지나가는 것이 아니라 우리가 지나간다." 시인다운 멋 진 비유다. 인간은 시간의 강을 따라 여행하는 나그네다. 고맙게도 시간의 강은 누구도 차별하지 않고 자신을 내어준다. 강은 사람들 이 무엇을 하던 아무런 간섭이나 통제도 하지 않은 채 가만 내버려 둔다. 하지만 뭘 하든 간에 모든 사람은 시간의 강을 따라 조금씩 하류로 떠내려간다. 그러다가 어느 순간 고개를 들고 자신의 위치 를 확인하면서 화들짝 놀라기도 한다. '벌써 이렇게나 많이 떠내려 왔단 말인가!'하고.

시간의 강을 따라 멀리 떠내려온 사람은 대개 '인생무상'을 경험 한다. 인생이 덧없고 허무하다고 느낀다. 그렇다고 시간의 강을 원 망해서는 곤란하다. 강에게는 아무런 잘못이 없다. 책임은 전적으 로 여행자에게 있다. 시간의 강(세월)이 흘러간 것이 아니라 본인이 그렇게 지나갔기 때문이다. 속절없이 지나가 버린 세월을 탓해서 도 안 된다. 시간의 강을 유람하면서 세월을 허투루 쓴 자신에게 모 든 책임이 있다. 세월이 흐르는 것이 아니라 우리가 지나갔기 때문 에.

익숙한 것과의 결별

누구든 한 번은
자신을 아버지로부터, 스승으로부터
갈라놓는 걸음을 떼어야 한다.

누구든 고독의 혹독함을 조금은 느껴야 한다.

대부분 그걸 잘 견딜 수 없어
다시 밑으로 기어든다고 하더라도.

– 헤르만 헤세, 『데미안』

우리 속에는 두 세계가 존재한다. 평안함의 세계와 자유의 세계. 우리가 처음 태어나면서 만나는 세계는 평안함의 세계다. 부모의 사랑과 보살핌이 있는 안락한 세계다. 하지만 인간은 본성상 이 세계에서만 머물 수는 없다. 성장하면서 누구나 자유세계에 대한 갈망이 커지기 때문이다. 그 결과, 다시 태어나려면 기존의 세계를 깨뜨려야 한다. 그러기 위해서는 "누구든 한 번은 자신을 아버지로부터, 스승으로부터 갈라놓는 걸음을 떼어야 한다." 그런데 자유세계에 들어서는 순간 당황할 수도 있다. 그곳에 들어서면 자유의 신선함보다는 고독의 혹독함이 먼저 우리를 맞이하기 때문이다. 하지만 그 혹독함마저 자유세계를 구성하는 공기다. 그것을 느껴야 한다. 그래야만 자유라는 신선한 공기도 만끽할 수 있다.

처음부터 날 수는 없다

언젠가 나는 법을 배우고자 하는 자는
먼저 서는 법, 걷는 법, 달리는 법, 기어오르는 법,
춤추는 법부터 배워야 할 것이다.

처음부터 날 수는 없는 일이다.

-프리드리히 니체,『차라투스트라는 이렇게 말했다』

사람들은 누구나 높은 곳에 오르고, 하늘을 자유롭게 날고 싶어 한다. 하지만 높은 경지에 오르는 일은 단번에 이룰 수 없는 법이다. 니체는 우리가 하늘을 날고 싶다고 해서 곧바로 나는 법을 배울 수는 없다고 조언했다. 그러려면 먼저 서는 법, 걷는 법, 달리는 법부터 배워야 한다. 사실 이는 지극히 상식적인 주장이다. 서지도 못하는 자가 어떻게 걸을 수 있으며, 걷지도 못하는 자가 어떻게 달릴 수 있겠는가. 높은 수준의 무엇인가를 하려면 그 아래 단계를 모두 통달해야 하는 것은 당연지사다. 따라서 하늘을 날고 싶은 자는 사소해 보이겠지만 서는 법, 걷는 법부터 차근차근 배워나가야 한다. 천리 길도 한 걸음부터 시작해야 한다.

너 자신을 알라?

인류는 자기의 배내옷을 귀중하게 여긴다.
그러나 인류는 그것을 벗어버리지 않고는 성장하지 못한다.

〈너 자신을 알라!〉
위험한 동시에 추악한 격언이다.

자기 자신을 관찰하는 자는 누구든 발전을 멈춘다.
'자신을 잘 알려고' 애쓰는 애벌레는
절대로 나비가 되지 못할 것이다.

– 앙드레 지드, 『새로운 양식』

'너 자신을 알라'는 말속에는 인간의 본질이 고정되어 있다는 사실이 전제되어 있다. 만약 우리 인간이 고정되어 있지 않고 끊임없이 변화하는 존재라면, '너 자신을 알라'는 언명은 전혀 합당하지 않는 말이 된다. 인간이 끊임없이 흘러가고 변하는 상태에 있다면, 우리는 아무리 노력해도 자신을 알 도리가 없다. 이렇듯 인간은 고정된 실체가 아니라 흐름이며 항상 진행형으로만 존재한다. 자신을 알기 위해 "자기 자신을 관찰하는 자는 누구든 발전을 멈춘" 사람이다. 우리는 자신을 알려고 하기보다 계속 발전하는 사람이 되려고 노력해야 한다.

부끄러운 과거

자기 인식 능력이 있는 사람 가운데
스무 살 시절을 기억하면서 창피를 느끼지 않을 사람이
있을까?
아무리 출중한 사람이라도
스물 전후에 한 말이나 쓴 글을 편집해보면
엉터리 선언집 한 권 정도는 나올 법하다.

알리 드 몽테를랑*은 이렇게 말했다.
"열일곱 살에서 스물일곱 살 시절의 나 자신을 생각하면,
그 녀석에게 침이라도 뱉어주고 싶다."

– 에릭 호퍼,『인간의 조건』

● 알리 드 몽테를랑 : 프랑스 극작가이자 소설가

어른이 되어 어린 시절에 쓴 일기장을 들춰보면 창피함에 얼굴이
화끈거릴 때가 있다. 하지만 이는 매우 자연스러운 반응이다. 에릭
호퍼는 "자신의 스무 살 시절을 기억하면서 창피를 느끼지 않을 사
람이 있을까?"라고 반문하면서 자신의 어린 시절에 대해 창피를 느
끼는 것을 두고 부끄럽게 생각할 필요가 없다고 보았다. 자신의 젊
은 시절이 창피하다면 지금은 그 시절보다 성숙해졌다는 증거다.

만약 젊은 시절이 마냥 자랑스럽고 뿌듯하게 느껴진다면, 그는 그 시절에서 한 발짝도 앞으로 나아가지 못한 사람일 수도 있다. 과거가 부끄러울수록 많이 성장한 사람이다. 과거의 자신에서 벗어나 더 나은 상태로 진화했다는 증거이기 때문이다. 이때 창피함이란 발전의 결과이자 진화의 증거다. 결코 부끄러워할 일이 아니다.

변화, 성숙, 그리고 창조

존재한다는 것은 변화하는 것이고,
변화한다는 것은 성숙한다는 것이며,
성숙한다는 것은 자신을 무한히 창조하는 것이다.

- 앙리 베르그송, 『창조적 진화』

베르그송에 따르면, "존재한다는 것은 변화하는 것"이다. 이는 달리 말하면, 변화를 멈추었다면 이미 존재하지 않는다는 뜻이기도 하다. 존재의 본질은 변화 속에 있다. 한편, 베르그송이 말한 변화란 단지 모양이나 상태가 이전과는 다르게 바뀌는 것을 의미하는 게 아니다. 베르그송에 따르면, "변화한다는 것은 성숙한다는 것"이다. 뭔가를 이루고成 예전보다 무르익는 상태熟가 되어야만 비로소 '변화'라 부를 수 있다. 그는 또, "성숙한다는 것은 자신을 무한히 창조하는 것"이라고 했다. 뭔가를 이루고 무르익기 위해서는 끊임없이 새로움에 도전하고 창조해야 한다. 결국 존재는 아무에게나 붙일 수 있는 이름이 아니다. 끊임없이 변화하고, 성숙해지기 위해 자신을 무한히 새롭게 창조하는 사람에게만 붙일 수 있는 거룩한 이름이다.

05

사람은 누구나 성공한 인생을 살고 싶어 한다. 하지만 성공한 인생이 도대체 어떤 모습인지는 분명치 않고, 현실에서 증명된 적도 없다. 대체로 사람들은 세속적 기준을 성공의 척도로 삼는 예가 많다. 주로 재산을 얼마나 모았는지, 사회적 지위가 얼마나 높은지 등으로 성공과 실패를 구분한다. 표현에서 차이가 있을지 몰라도, 대부분 '부富'와 '귀貴'의 범주에서 크게 벗어나지 않는다.

그렇다면, 부귀를 얻어서 주변 사람들로부터 성공했다는 평가를 받는 사람은 실제로 그것으로 인해 행복한 삶을 살고 있을까? 결론부터 말하면, 남들이 부러워할 만한 재산과 지위를 가져도 그것이 곧 행복으로 이어진다는 보장은 없다. 왜냐하면 그것들은 행복을 위한 여러 요소 중 한 가지에 불과하기 때문이다. 물질적인 부와 사회적 지위는 삶을 더욱 풍족하게 만드는 데 도움이 되는 건 사실이다. 하지만 그것을 가졌다고 해서 행복해진다고 단정할 수는 없다. 주위를 보면 재산도 많고 높은 지위에 오른 사람이 오히려 자신의 상태에 만족하지 못하거나 자신보다 나은 사람과 비교하면서 불행에 빠지는 예도 적지 않다. 많은 재산 때문에 가족 간 불화가 끊이질 않고, 심한 때는 소송까지 벌이는 상황도 종종 발생한다. 현재 자리를 보존하기 위해 더 높은 분들의 눈치를 보는 예도 어렵

'성공'에 대하여

지 않게 발견된다.

　사실 어떤 사람의 인생을 두고 성공했다거나 실패했다고 판정하는 것도 쉬운 일은 아니다. 오르막이 있으면 내리막도 있듯이, 사람의 인생도 성공과 실패가 교차하는 때가 많기 때문이다. 사업이 잘 풀려 큰돈을 번 사람도 운이 다하면 쫄딱 망하는 일도 생긴다. 인기 절정의 잘 나가던 연예인이 단 한 번의 실수나 잘못으로 나락으로 떨어질 수도 있다. 매번 승승장구하던 사람이 한 방에 훅 갈 수도 있는 게 우리네 인생이다. 반대의 상황도 당연히 있다. 거듭된 실패로 바닥까지 갔던 사람이 인생 역전을 이루어 화려하게 부활하기도 한다.

　산은 올라갈 때보다는 내려올 때 더 조심해야 한다. 등산길에는 별다른 위험이 없었는데, 하산길에 사고를 당할 수도 있다. 성공도 이와 같다. 성공을 얻기까지는 힘이야 들겠지만, 위험은 덜하다. 진짜 위험은 성공 뒤에 도사리고 있는 때도 많다. 이렇듯 성공과 실패는 경계가 흐릿하고 그 둘이 함께하는 예도 많다. 따라서 성공했다고 우쭐할 일도 아니고, 실패했다고 좌절하거나 낙담해서도 안 된다. 성공 속에 실패가 있을 수 있고, 실패 속에도 성공의 씨앗이 자라날 수 있다.

성공에 대한 착각

지금까지 내내 나는 산을 오르고 있다고 생각했지만
사실은 산을 내려가고 있었다.

세상 사람들의 눈에는 내가 산을 오르는 것으로 보였겠지.

그러나 내 삶은 사실은
항상 발아래로 미끄러져 내려가고 있었을 뿐이었다.

– 레프 톨스토이, 『이반 일리치의 죽음』

평소 성공을 거듭한 사람일수록 실패의 가능성을 외면하는 때가
많다. 하지만 지금까지의 성공이 앞으로도 계속된다는 보장은 없
다. 오르막의 끝에는 언제나 내리막이 기다리고 있는 법이다. '실패
는 성공의 어머니'라는 말이 있다면, '성공은 실패의 아버지'라는 말
도 있어야 마땅하다. 실패 속에도 성공의 씨앗이 들어 있듯이, 성공
속에도 실패의 불씨는 남아 있다. 톨스토이가 언급했듯이, "산을 오
르고 있다고 생각했지만, 사실은 산을 내려가고 있"는 예도 적지 않
다. 성공 속에 있으면 실패를 보지 못한다. 하여, 성공을 거듭할수록
자만하지 말고 '혹시 내 삶도 발아래로 미끄러져 내려가고 있지는
않은지'를 점검해야 한다. 그렇지 않으면, 이반 일리치처럼 죽음에
가까워져서야 비로소 삶의 진실과 마주하게 될 수도 있다.

성공을 부르는 일곱 가지

성공에는 여러 측면이 있다.
예컨대 물질적인 부는 성공의 한 요소에 불과하며
성공은 최종 종착지가 아니라 하나의 여정일 뿐이다.
물질적 풍요는 이 여정을 더욱 즐겁게 만드는
하나의 요소일 뿐이다.

건강과 활력, 삶에 대한 열정, 만족스러운 인간관계,
창조적인 자유, 정서적 심리적 안정, 넉넉하고 평화로운 마음,
이 모든 것이 성공에 포함된다.

– 디팩 쵸프라, 『성공을 부르는 일곱 가지 마음의 법칙』

인생에서 성공이란 어떤 모습일까? 물질적인 부를 이룬 것만이 성
공일까? 디팩 쵸프라에 따르면, "성공에는 여러 측면이 있다." 물질
적 부유함이란 여러 측면 중 단 하나의 요소에 불과하다. 그것 외에
도 신체적 건강과 활력, 삶에 대한 열정, 우정과 사랑 등 인간관계에
서의 만족감, 정서적 안정감, 베풀 줄 아는 넉넉한 마음 등 수많은
측면이 있다. 물질적인 부를 이룬 것만이 유일한 성공이라고 믿는
사람은 '우물 안 개구리'에 불과하다.

위대한 성공의 역설

당신이 해낸 일에 대해 주위의 어떤 평가도 받지 못했다면,
보통 사람은 이해할 수 없을 만큼
위대한 일을 한 것일지도 모른다.

만일 그렇다면
그 성과는 사라지지 않고 영원히 영원히 보존된다.
그리고 그것의 위대함은 훗날 증명될 것이다.

– 볼프강 폰 괴테, 『파우스트』

"노력은 결코 배신하지 않는다"라는 말이 있다. 하지만 현실에서는 노력이 번번이 우리를 배신한다. 우리는 열심히 노력해도 원하는 결과를 얻지 못하는 때도 많다. 왜 그런가? 노력이 부족해서일까? 괴테는 주위의 어떤 평가도 받지 못했다면, 그것은 창작자의 노력 부족이 아니라 사람들의 '이해 부족' 때문이라고 보았다. 작품이 별로여서가 아니라 지나치게 위대했기 때문이다. 본디 시대를 너무 앞서간 작품은 대중의 주목을 받지 못하는 법이다. 동시대 사람들이 주목하지 않는 작품의 창작자는 외려 위대한 천재일 가능성이 높다. 대중의 무관심이나 혹평은 시대를 너무 앞서간 천재임을 반증하는 결과인지도 모른다.

06

　본디 인간의 본성은 쾌락이나 즐거움은 가까이하지만, 고통이나 고난은 멀리하거나 피하려 한다. 하지만 우리의 바람과는 달리, 삶에는 수많은 고통과 고난이 찾아와서 당사자를 불행에 빠뜨리는 예가 적지 않다. 그래서인지 부처님도 우리의 삶을 '고해苦海'라고 표현했다. 고통의 바다에 빠져서 허우적거리는 모습이 보통의 인생이라는 뜻이다. 말하자면, 고통이란 인간이라면 절대 피할 수 없는 실존 조건이라는 뜻이다. 부처님의 말씀에도 불구하고, 고통을 멀리하려는 본성을 가진 인간은 자신에게만은 고통의 순간이 찾아오지 않기를 바란다. 인생을 살면서 고통이 찾아오는 것은 반드시 나쁜 일이기만 한 것일까? 예컨대, 일하다가 갑자기 몸이 안 좋아져서 병원을 가야 할 상황이 생기면, 이는 반드시 나쁜 신호이기만 할까?

　아무런 고통이 없는 상태를 정상이라고 생각하면 질병이나 고통이 찾아온 것은 불행으로 해석할 가능성이 높다. 원치 않는 질병이 찾아와 몸이 아프다면, 신체에서 고통의 감각이 활성화하는 것은 매우 자연스러운 반응이다. 하지만 신체 반응과는 별개로, 그 상황은 반드시 나쁜 것만은 아닐 수도 있다. 분명 신체가 고통을 느낄 만한 자극에도 아무런 고통조차 느끼지 못한다면, 그 상태는 더 큰

'시련'에 대하여

문제가 될 수도 있다. 과도한 노동으로 인해 몸에 무리가 갈 정도로 혹사를 당한 상태라면, 몸에 이상 신호가 오는 것은 반가운 일일 수도 있다. 그 상태는 몸의 이상 유무를 점검하는 장치가 정상으로 작동하고 있다는 방증이기 때문이다.

시인 이성복도 고통의 가치를 긍정하면서 다음과 같이 적었다. "고통은 살아 있음의 징조이며, 타락과 질병과 무지에 대한 경보이며, 살고 싶음과 살아야겠음의 선언이다." 당연한 말이지만 살아있는 유기체만이 고통을 느낄 수 있다. 죽은 사람이나 기계는 고통을 느끼지 못한다. 고통이 찾아왔다면, 이는 신체에서 이상 신호를 보내고 있는 셈이다. 따라서 고통의 신호를 감지하지 못하거나 무시하는 것은 결코 현명한 태도가 아니다. 이는 마치 브레이크가 고장난 자동차를 타고 고속도로를 질주하는 것처럼 위험천만한 일일수도 있다.

결국 삶에서 고통이 찾아오는가 아닌가는 별로 중요하지 않다. 자신에게 찾아온 고통을 어떻게 받아들이고 대응할지가 훨씬 중요한 문제다. 고통을 맞이하여 기존의 삶과 일상에 질문을 던지고, 그 과정에서 새로운 삶의 방식을 창안하고자 할 때 고통은 외려 지혜로운 삶의 안내자가 될 수도 있다.

불행의 쓸모

인간에게는 늘 얼마쯤의 걱정과 고뇌와 불행이 필요하다.
마치 배가 물 위에 떠서 안전하게 항해하기 위해서는
배에 무게 나가는 물체가 있어야 하는 것처럼.

– 쇼펜하우어,『인생을 생각한다』

인생을 살다 보면 자기 뜻대로 되지 않을 때가 많다. 쇼펜하우어는
인생이 수많은 좌절과 불행의 연속이라고 주장했다. 하지만 그는
인생에서 만나는 좌절과 불행을 부정적으로만 사유하지 않았다.
인간으로 살면서 고통이나 실패, 좌절과 불행이 불가피하지만, 한
편으로는 그것이 인생을 안전하게 항해하는 데 도움이 된다고 본
것이다. 마치 배가 물 위에 떠서 안전하게 항해하기 위해서는 배에
무거운 물체가 있어야 하는 것과 같은 이치다. 살면서 만나는 각종
시련과 고통은 인생이란 배의 무게 중심을 잡아주는 평형수와 같
은 역할을 한다.

고난도 가치다

고난도 가치다.
고난이 어째서 가치냐고 반문할지도 모르겠다.
사실 불행을 견뎌낼 능력이 없는 자에게
고난은 가치가 아닐 것이다.
그러나 그것을 견뎌낼 만큼 충분히 강한 자는
고난을 통하여 스스로 강화된다.

– 니콜라이 하르트만, 『윤리학』

인생에서 만나는 고난과 고통이 오히려 성장의 기회가 된다고 말하는 사상가도 있다. 대표적인 사람이 독일 철학자 니콜라이 하르트만인데, 그는 "고난도 가치다"라고 주장했다. 물론 모든 사람에게 고난이 가치 있는 것은 아니다. 그에 따르면, 고난을 견딜 능력이 없는 사람에게 찾아온 고난은 그 자체로 불행이다. 하지만 그것을 견뎌낸 자에게는 더 큰 성공이나 성장을 가져오는 밑거름이 된다. 실제로 큰 성취를 이룬 사람 중에는 과거의 실패와 좌절의 경험이 현재를 만들었다고 주장하는 사람도 많다. 그들에게는 고난이 불행이 아니라 더 큰 성장을 위한 기회이자 발판이 되었다.

거목은 폭풍을 견디며 자란다

고통만이 인간을 성숙시킨다.

(…)

나를 죽게 하지 않는 것은 나를 더욱 강하게 만들어준다.

(…)

그대 자신에게

악천후와 폭풍을 견디지 못하는 나무들이

장래에 거목으로 훌쩍 자랄 수 있을지 한번 물어보라.

(…)

이런 것들을 경험하지 않고는

어떤 위대한 미덕의 성장도 좀처럼 이룰 수 없다.

– 프리드리히 니체,『즐거운 학문』

철학자 니체도 고난이 가치가 있음에 동의한다. 그는 "고통만이 인
간을 성숙시킨다"라면서 고통이 성숙의 계기를 만들어준다고 보
았다. 인생에서 예기치 않게 찾아오는 고통이나 고난은 그 자체로
는 행운도 불행도 아니다. 중요한 것은 고통이 찾아온 이후의 선택
이다. 고통을 이기지 못하고 좌절하고만 있다면 그 사건은 분명 불
행이다. 하지만 고통을 견디고 그것을 극복하기 위해 도약하려는
사람에게는 오히려 축복일 수도 있다. 나무에 비유하자면, 악천후
와 폭풍을 견디지 못한 나무는 절대 장래에 거목으로 자랄 수 없다.
인간도 마찬가지다. 고통을 경험하지 않고는 "어떤 위대한 미덕의
성장"도 이룰 수 없다.

상상의 고통

고통을 예상하는 일이 눈앞의 고통보다 백배는 더 나를
괴롭히며, 고통의 충격 그 자체보다는 고통의 위험이
내게는 더 끔찍하다.

하지만 고통을 겪자마자 실제 고통이 상상을 모두 없애
본래의 제 크기로 돌려놓는다.

그러면 나는 상상했던 것보다 고통을 훨씬 약하게 느끼고,
고통의 한가운데 있을 때조차 위안을 받는다.

– 장 자크 루소, 『고독한 산책자의 몽상』

병원에서 주사를 맞을 때 가장 고통스러운 순간은 자기 차례를 기
다리는 때다. 막상 주삿바늘이 피부를 뚫고 들어갈 때는 별다른 느
낌조차 없다. 고통을 예상하는 일이 실제 고통보다 더욱 사람을 괴
롭힌다. 인생의 고통 또한 마찬가지다. 미래의 고통을 상상하고 염
려하는 일이 삶을 백배나 고통스럽게 만든다. 실제 그 고통을 체험
하면 생각보다 힘들지 않다. 루소가 말했듯이, "고통을 겪자마자 실
제 고통이 상상을 모두 없애버려 본래의 크기로 돌려" 놓기 때문이
다. 이처럼 인생에서 경험하는 고통은, 대부분 '상상의 산물'이다. 고
통을 상상하지 않는 사람에게는 고통이 별 힘을 발휘하지 못한다.

용서의 힘

복수란 당한 고통의 고백에 불과하다.
부정에 휘어지는 정신은 위대하지 않다.

상처를 준 상대는 그대보다 강한가, 약한가?
약하면 그를 용서해 주라.
강하다면 그대 자신을 용서하라.

– 세네카, 『인생이란 무엇인가』

세네카는 복수보다는 용서가 더 나은 선택이라고 주장했다. 왜 그런가? 복수심에 불타오르면 먼저 상처를 준 상대를 잘 살펴서 자기보다 강한지 약한지를 판단해야 한다. 만약 상대가 약하면, 그냥 용서해 주는 편이 낫다. 자기보다 약한 사람을 끝까지 쫓아가서 복수를 해봐야 그다지 통쾌함도 없고 모양새도 빠지기 때문이다. 상대가 자신보다 강하다면? 그래도 용서해야 한다. 분노에 눈이 멀어 자기보다 강한 상대에게 복수하겠다고 덤볐다가는 되레 자기가 위험해진다. 이때는 자기 자신을 용서해 주는 것이 현명한 처신이다. 결국 분노에 일일이 복수로 앙갚음하려는 것은 결코 바람직한 태도가 아니다. 그는 지금 자기가 당한 고통에 몸부림치는 자에 불과하다. 그의 분노는 상대가 아니라 나약한 자신을 향하고 있는지도 모른다.

07

미국의 여류 소설가 마가릿 미첼의 소설 『바람과 함께 사라지다』에는 이런 유명한 문구가 나온다. "Tomorrow is another day." 한국에서는 통상 이 말을 "내일은 내일의 태양이 뜬다"라고 번역한다. 이 표현은 여주인공인 스칼렛 오하라가 여러 불행이 겹치면서 비극적인 상황이 지속되는 가운데에서도 고향으로 돌아갈 결심을 하면서 외치는 말이다. 그녀가 그러한 말을 내뱉을 수 있는 이유는, 지금은 비록 불행의 연속이지만 내일에 대한 희망이 있다고 믿기 때문이다. 희망이란 미래를 향해 무엇인가를 바라는 상태다. 따라서 인생에서 희망은 매우 중요하다. 현재가 만족스럽지 못하더라도 미래에 대한 희망을 품을 수 있다면 현재를 감당할 힘을 얻을 수도 있고 현실을 긍정할 수도 있다. 현실이 불만족스러운데 희망마저 없다면 이는 매우 암울한 상황이다.

하지만 모든 희망이 삶을 긍정적인 방향으로 이끌어주지는 않는다. 현실에서는 미래에 대한 희망이 '희망 고문'에 그치는 때도 적지 않다. 미래에 대한 기대가 '희망'이 되는 때와 '희망 고문'에 그치는 때는 어떻게 구분될까? 철학자 스피노자는 『에티카』에서 희망을 다음과 같이 정의했다. "희망은 우리가 그 결과에 대하여 어느 정도 의심하는 미래에서 생기는 불확실한 기쁨이다." 스피노자

'희망'에 대하여

가 보기에도 미래에 대한 희망을 갖는 것은 좋은 일이다. 그래서 '기쁨'이라고 표현했다. 하지만 '온전한 기쁨'은 아니다. 결과가 '불확실한 기쁨'이기 때문이다. 결국 희망과 희망 고문의 차이는 그 '불확실성'을 얼마나 제거할 수 있는가에 달렸다. 결과에 대한 불확실성을 본인의 노력으로 제거할 수 있다면, 그 상태는 분명 '희망'이다. 하지만 불확실성을 제거할 수 없다면 그것은 '희망 고문'으로 점철될 가능성이 높다. 로또 복권을 산 뒤 인생 역전을 꿈꾸는 일이 희망이 아니라 희망 고문에 그치는 것도 자신의 힘으로 불확실성을 제거할 수 없기 때문이다.

결국 미래에 대한 희망을 품는 일은 그 자체로 긍정도 부정도 아니다. 중요한 것은 '희망에 걸맞은 노력을 다하고 있는가'이다. 자신의 노력으로 미래에 대한 불확실성을 얼마나 제거할 수 있는지, 희망을 현실로 만들기 위해 얼마나 분투하는지가 관건이다. 살면서 희망을 갖는 일은 필요하지만, 그것만으로는 부족하다. 희망을 현실로 만들려는 행동과 실천이 뒤따라야 한다. 노력이 뒷받침되지 않는 희망은 '거짓 희망'이며, 얄팍한 '정신 승리'에 불과하다.

희망과 용기

자기기만이 없다면 희망은 존재할 수 없지만,
용기는 이성적이고 사물을 있는 그대로 본다.
희망은 소멸할 수 있지만, 용기는 호흡이 길다.

희망이 분출할 때는 어려운 일을 시작하기가 쉽지만,
그것을 마무리하는 데에는 용기가 필요하다.
전쟁에서 이기고, 대륙을 제압하고, 나라를 세우는 데에는
용기가 필요하다.

희망이 없는 상황에서
용기가 힘을 발휘할 수 있게 해 줄 때
인간은 최고조에 달할 수 있다.

– 에릭 호퍼, 『길 위의 철학자』

호퍼는 희망과 더불어 용기의 중요성을 강조했다. 희망을 갖는 일은 자기기만이나 현실을 긍정적으로 해석하는 것으로도 가능하지만, 용기를 갖는 것은 현실을 이성적으로 있는 그대로 바라보아야 하기 때문이다. 또한 희망은 어려운 일을 시작하는 데는 도움이 되지만 그것을 마무리할 때까지 지속하는 것에는 용기가 필요하다.

지금껏 세상의 발전과 변화는 희망이 아닌 용기의 결과물이다. 대부분 희망과 용기는 함께 하지만, 희망조차 없는 상황에서도 용기는 힘을 발휘하게 해 준다. 따라서 희망보다는 용기가 더욱 중요하다. '삶이 그대를 속일지라도' 용기가 필요하다.

절망이란

절망은 죽음에 이르는 병이다.
(…)
절망하는 자가 무슨 일에 대해 절망했다는 것은,
사실은 자기 자신에 대해 절망한 것이다.
(…)
절망은 끊임없이 자신의 내부를 향해 파고 들어가
점점 더 무기력해지는 자기 소모이다.

– 쇠렌 키르케고르,『죽음에 이르는 병』

절망이란 모든 희망을 끊어버린 상태를 말한다. 사람들은 흔히 절망에 빠졌다면 세상이나 어떤 상황이 그를 절망에 빠뜨렸다고 생각한다. 하지만 철학자 키르케고르는 절망은 외부 요인 때문이 아니라 "자기 자신에 대해 절망한 것"이라고 보았다. 수많은 도전에도 불구하고 취업에 실패하여 절망에 빠진 사람은 극심한 취업난에 처한 '현실'에 절망한 것이 아니라 번번이 취업에 실패한 '자기 자신'에게 절망한 것이다. 이러한 사실 때문에 그의 절망은 "끊임없이 자신의 내부를 향해 파고 들어가 점점 더 무기력"하게 만든다. 절망이 자기 소모로 이어져 급기야는 외부 세계와 관계마저 끊어버린다(구직활동 자체를 포기한다). 이처럼 절망은 "죽음에 이르는 병"이다.

희망 고문

아무리 환상에서 깨어난 사람이라고 해도,
아무 희망도 없이 사는 것은 불가능하다.

사람들은 자기도 모르게
늘 한 가지 정도의 희망은 품고 산다.

그리고 이 무의식적 희망이,
사람들이 거부해버렸거나 소진해버린
다른 희망들을 보상해 준다.

– 에밀 시오랑,『태어났음의 불편함』

희망을 품는다고 해서 그것이 이루어진다는 보장은 없지만, 그렇다고 희망조차 갖지 않기도 어렵다. 에밀 시오랑은 우리가 "아무 희망도 없이 사는 것은 불가능"하며, "자기도 모르게 늘 한 가지 정도의" 무의식적인 희망은 품고 산다고 보았다. 미래에 대한 그 어떤 희망조차 없는 사람도 그의 지갑 속에는 로또 복권이 한 장쯤은 들어 있는 예가 여기에 해당한다. 무의식적이나마 복권을 통해 인생

역전을 희망하는 것이다. 하지만 그 로또 복권(무의식적인 희망)은
자기가 진실로 가져야 할 진짜 희망을 거부했거나 소진한 것에 대
한 보상 심리일 뿐이다. 희망이라기보다는 '희망 고문'이며 진짜가
아닌 '거짓 희망'에 가깝다. 이처럼 현실에 기반하지 않은 희망, 현
실에서는 아무런 가능성도 찾지 못한 채 지푸라기라도 잡는 심정
으로 갖는 무의식적 희망이 바람직하다고 말하기는 어렵다.

희망의 아이러니

희망은 현재의 삶 자체를 위한 것이 아니라,
결국은 삶을 배반하게 하는
거창한 관념을 위해서 사는 사람들의 속임수다.

– 알베르 카뮈, 『시지프스 신화』

알베르 카뮈도 희망을 품는 것을 긍정적으로 보지 않았다. 그에 따르면, 희망은 "결국은 삶을 배반하게 하는 거창한 관념을 위해서 사는 사람들의 속임수다." 한마디로 희망이란 부조리한 현실을 직시하지 않고, 스스로 자신을 속이는 자기기만에 불과하다고 본 것이다. "현재의 삶 자체"에 집중하지 않고, 미래에 대한 막연한 희망을 가짐으로써 비루한 현실을 감내하는 사람이 있는데, 이는 분명 자신을 속이는 자기기만 행위일 뿐이다. 카뮈는 이러한 상태의 희망을 "도피, 투쟁의 기피, 기권" 등 부정적인 단어로 표현했다. 인간은 희망을 가져야 하지만, 때로는 그 희망이 자신을 속이고 현재 삶을 배반하게 만들 수도 있다.

08

인간은 사회적 동물이다. 사회적 동물인 인간은 대부분 타인과 함께 어울려 살아간다. 하지만 최근에는 '혼밥족, 혼술족'처럼 집단을 벗어난 채 살아가는 사람도 적지 않다. 이러한 현실은 사회적 동물이라는 인간의 본질적 속성과는 정반대 현상인 '개인화'가 심화하고 있음을 의미한다. 물론 개인화가 나쁜 것만은 아니다. 각자 처한 상황이나 개인 성향에 따라 혼자 있는 것이 더 편할 수도 있다. 하지만 그럼에도 개인화가 심화하는 현상을 마냥 긍정할 수는 없다. 개인이 혼자 남겨지면 필연적으로 뒤따르는 심리 상태가 있는데, 그것은 바로 고독이나 외로움이다.

흔히 고독과 외로움을 비슷한 유형의 감정으로 이해하는 사람들이 많은데, 이 둘은 엄연히 다른 감정 상태다. 무엇이 다를까? 고독은 '홀로 떨어져 있는 것'을 의미한다. 반면, 외로움은 '마음이 쓸쓸한 상태'를 뜻한다. 집단에서 떨어져 나와 혼자가 되어 고독해지면서 외로움을 느끼는 때가 있다. 이 둘은 관련성이 있긴 하지만 그렇다고 해서 같은 감정은 아니다. 고독은 세상과 떨어져서 홀로 있는 것이고 외로움은 홀로 되어 마음이 쓸쓸한 상태다. 고독이 '세상과의 단절' 때문에 생긴 감정이라면, 외로움은 '관계가 단절'되었을 때 찾아오는 감정이다.

'고독'에 대하여

고독이나 외로움은 모두 좋지 못한 감정 상태일까? 우선 외로움은 부정적 감정이라고 보는 편이 옳다. 타인과의 관계 속에서 살아가는 개인이 외로움을 느낀다는 것은 타인과의 관계가 단절되었다는 것을 의미하기 때문이다. 하지만 고독은 이와 다르다. 고독은 단지 세상과 떨어져서 홀로 있는 상태를 말한다. 외로움과 달리 고독은 반드시 나쁜 것만은 아니다. 사람 중에는 억지로 시간을 내서 고독을 즐기는 사람도 있다. 혼자 낚시를 가기도 하고, 홀로 등산을 하기도 한다. 어쩔 수 없이 홀로 된 것이 아니라 스스로 홀로 되기를 선택한 예다. 대단히 주체적이고 능동적인 선택이다.

때로는 세상과 떨어져서 고독한 시간을 가질 필요가 있다. 그래야만 자신의 삶을 되돌아보고 성찰할 수 있기 때문이다. 혼자 있는 시간을 힘겨워하거나 스스로 고독의 시간을 없애버린 사람들은 결코 새로운 것을 창조하거나 남다른 성취를 이룰 수 없다. 역사에 이름을 올린 창조적 업적이나 위대한 성취는 예외 없이 고독을 견뎌낸 사람의 몫이다. 그들은 집단적 사고를 거부했고, 평균적 생각에 저항했다. 그 결과, 항상 혼자였고 고독했고 불안했고 고통스러웠다. 하지만 그렇게 혼자만의 고독한 시간을 견딘 끝에 놀라운 결과를 만들었다. 대체로 위대한 성취는 고독이 베풀어 준 선물이다.

고독을 잃어버린 시간

결국 외로움으로부터 멀리 도망쳐 나가는
바로 그 길 위에서
사람들은 정작 고독을 누릴 기회를 놓쳐버린다.

놓쳐버린 그 고독은 바로 사람들에게
'생각을 집중하게 해서' 신중하게 하고, 반성하게 하며
더 나아가 인간끼리의 의사소통에
의미와 기반을 마련해 줄 수 있는 숭고한 조건이기도 하다.

– 지그문트 바우만, 『고독을 잃어버린 시간』

사회적 동물인 인간은 홀로 남겨지면 외로움에 몸서리치기도 한
다. 외로움에서 벗어나기 위해 사람들은 온라인과 SNS를 들락거린
다. 그곳에서 새들이 지저귀듯 가벼운 말들을 주고받으며 외로움
을 달랜다. 하지만 그러는 사이에 정작 "고독을 누릴 기회마저 놓쳐
버린다"라는 것이 바우만의 진단이다. 그는 고독이 우리에게 주는
긍정적인 면을 통찰했다. 바우만에 따르면, 고독은 "사람들에게 생
각을 집중하게 해서 신중하게 하고, 반성하게" 만들어준다. 나아가
고독은 "인간끼리의 의사소통에서 의미와 기반을 마련해 줄 수 있
는 숭고한 조건"이기도 하다. 고독은 단순히 외로움의 시간이 아니
라 인간관계의 질을 높이기 위해 꼭 필요한 시간이란 뜻이다. 따라
서 외로움을 멀리하되 고독마저 잃어버려서는 곤란하다.

존재의 의미를 밝히는 곳

타인의 지배 아래에 놓여 있는
일상 세계에서 떨어져 나온
유한하고 고독하며 불안으로 가득 찬 세계,
그곳이야말로 우리의 본래적인 세계이며,
그곳에서 비로소 우리는
존재의 의미를 밝힐 수 있다.

– 마르틴 하이데거,『존재와 시간』

고독은 나쁜 것도 아니고 피해야 할 상태도 아니다. 하이데거에 따르면, 고독은 인간 존재에게 주어진 근본 감정이다. "타인의 지배 아래에 놓여 있는 일상 세계"는 인간 존재에서는 진짜 세계가 아니다. 그곳에서 떨어져 나와 "유한하고 고독하며 불안으로 가득 찬 세계"가 진짜 세계이며, "본래적인 세계"이다. 모임에서 다른 사람들과 웃고 떠들 때가 아니라 집에 와서 조용히 혼자 있을 때가 진짜 세계라는 뜻이다. 고독하고 불안한 "본래적인 세계"에서 우리는 비로소 "존재의 의미를 밝힐 수 있다." 고독의 시간을 갖지 못한 인간은 진짜 세계와 진정한 자신의 존재를 경험할 수 없다.

우리는 왜 따라 할까

만일 내가 남들과 같고
나 자신을 유별나게 하는 사상이나 감정을 갖지 않으며
나의 관습이나 옷이나 생각을 집단의 유형에 일치시킨다면
나는 구제된다.
고독이라는 가공할 경험으로부터 구제되는 것이다.

– 에리히 프롬, 『사랑의 기술』

에리히 프롬은 사람들이 남들과 다른 자신만의 독특성이나 개성을 고집하기보다는 집단의 유형에 일치시킨다고 보았다. 유행하는 옷을 입고, 대중의 생각에 자기를 맞추는 것을 선호한다. 왜 그런가? 그렇게 함으로써 개인은 "고독이라는 가공할 경험으로부터 구제되기" 때문이다. 이처럼 남들과 같아짐으로써 고독의 위험에서 벗어난 개인은 집단 속에서 편안해한다. 하지만 평생 남들을 따라 하기만 하느라 정작 자기가 원하는 것을 한 번도 시도해 보지 못한 채 생을 마감하고 만다. 그는 평범하게 살면서 고독하지는 않았지만, 한순간도 자신으로 살지 못했다.

위대한 책에는 모두 지루한 부분이 있다

권태를 견디는 어느 정도의 힘은 행복한 생활에 필수적이며,
따라서 젊은이들에게
반드시 가르쳐주어야 할 사항 가운데 하나다.

위대한 책에는 모두 지루한 부분이 있으며,
위대한 생애에는 모두 흥미 없는 기간이 있다.
(…)
권태를 견뎌내지 못하는 세대는 소인배들의 세대가 될 것이다

– 버트런드 러셀, 『행복의 정복』

사람들은 대체로 권태를 싫어한다. 하지만 권태를 견디지 못하는
사람에게는 행복도 위대함도 없다. 러셀은 "권태를 견디는 어느 정
도의 힘"이 행복에 필수적이라고 보았다. 그는 또, 권태가 있어야
위대함에 도달할 수 있다고 주장했다. 일상이 매번 즐겁고 행복한
시간으로만 채워진 사람은 좀처럼 위대한 성취를 얻기 어렵다. 모
든 위대함은 권태를 견뎌낸 결과다. 따라서 권태를 견디는 힘을 어
릴 적부터 길러야 하는데, 요즘 젊은이들은 그럴 기회가 좀처럼 주
어지지 않는다. 어릴 때부터 공부할 시간도 부족하고, 게임을 할 시
간도 부족하고, 스마트폰 볼 시간도 부족하다. 러셀은 단언한다.
"권태를 견뎌내지 못하는 세대는 소인배들의 세대가 될 것이다."
우리 시대의 가장 재미난 장난감인 스마트폰은 우리를 소인배로
만드는 기계인지도 모른다.

09

가끔 "지금보다 십 년만 젊었더라면"이라며 세월이 빨리 지나가 버린 것을 안타까워하는 사람이 있다. 하지만 이러한 하소연은 만시지탄에 불과하다. 인생에는 연습이 없고 한번 지나가 버린 세월은 되돌릴 수가 없기 때문이다. 한번 가정해 보자. 만약 '십 년만 젊었더라면'이라며 회한에 젖은 사람에게 새로운 십 년이 한 번 더 주어진다면, 그는 자신이 생각한 대로 살게 될까? 장담할 수 없다. 〈청춘〉이라는 시로 유명한 '사무엘 울만'은 청춘에 대해서 이렇게 말했다. "청춘이란 인생의 어떤 한 시기가 아니라 마음의 상태를 말한다." 청춘은 인생의 특정한 젊은 시기를 지칭하는 것이 아니라 마음의 상태, 즉 삶을 대하는 마음 자세에 달렸다. '십 년만 젊었더라면'이라고 말하며 지나가 버린 세월 앞에서 아무것도 하지 못한 채 한탄만 하고 있다면, 그는 이미 청춘을 잃어버린 사람이다. 따라서 그에게 새로운 십 년이 주어지더라도 과거보다 나은 삶을 살기가 어렵다. 그는 이미 청춘이 아니라 늙은이기 때문이다.

대체로 사람들은 청춘을 "인생에서 가장 아름다운 시기"라며 찬양하는 예가 많지만, 모두가 그런 것은 아니다. 철학자 키케로는 인생의 매 단계는 고유한 특징이 있어서 청춘의 시기가 노년보다 좋다고 단정할 수 없다고 주장했다. 그에 따르면, "소년은 허약하고,

'청춘'에 대하여

청년은 저돌적이고, 장년은 위엄이 있으며, 노년은 원숙한데, 이러한 자질은 제철이 되어야만 거두어들일 수 있는 자연의 결실과도 같다." 노년의 원숙미는 젊은이들은 가지지 못하는 고유한 특징이어서 청춘을 마냥 부러워할 필요가 없다는 뜻이다. 볼테르도 "그 나이에 해당한 재능을 갖지 못한 사람은 그 나이에 해당한 불행을 맛보게 된다"라면서 늙어감을 안타까워하기보다는 자신의 나이에 걸맞은 재능을 갖추었는지를 살펴보라고 조언했다.

　나이가 많고 적음은 그 자체로 좋고 나쁨의 평가 기준이 되지 못한다. 울만의 주장처럼, 청춘과 노년을 가르는 기준은 나이가 아니라 마음가짐이기 때문이다. 청춘의 시기가 아름답다면 노년에도 그 나이에 어울리는 아름다움을 겸비할 수 있다. 문제는 나이가 들었다고 해서 청춘의 시기마저 끝났다고 생각하는 비관적 자세다. 결국 청춘이나 젊음에 대해서도 학습이 필요하다. 청춘이 무엇인지, 젊음이 뜻하는 바는 무엇인지, 나이가 들어도 젊음을 유지할 수 있는 비결은 있는지 등을 생각하고, 자신에 나이에 맞는 아름다움을 발견한다면 우리는 청춘을 무한히 연장할 수 있다.

청춘의 조건

"청춘은 아름다움을 볼 수 있는 능력이기 때문에 행복하죠.
이 능력이 없어지면 절망적인 노년과 몰락 그리고 불행이
시작되죠."

"그렇다면 노년이 행복의 모든 가능성을 내쫓는다는 말씀
이군요?"

"그렇지 않아요. 행복이 노년을 내쫓죠. 아름다움을 볼 수
있는 능력을 갖춘 사람은 늙지 않는 법이죠."

– 구스타프 야누흐, 『카프카와의 대화』

사람들은 청춘을 아름답고 행복한 시기라고 말한다. 왜 그런가? 카
프카에 의하면, "청춘은 아름다움을 볼 수 있는 능력"이기 때문이
다. 청춘은 가진 게 없어도 당당하고 활기차다. 그들에게는 현재와
무관하게 빛나는 미래가 기다리고 있기 때문이다. 반면, 노년은 아
름답지도 행복하지도 않다. 아름다움을 볼 수 있는 능력을 잃어버
렸기 때문이다. 그 결과, 절망적인 노년과 절망이 시작된다. 하지만
노년이 되어도 여전히 아름다움을 포착할 수 있는 능력을 유지한
다면, 그는 여전히 청춘으로 사는 셈이다. 아름다움을 볼 수 있는 능
력을 갖춘 사람은 늙지 않는 법이니까.

늙지 않는 비결

우리 근시안들은 동화와 놀이는
유년 시절에 속하는 것이라고 생각하고 있다!
(…)
왜냐하면 어린아이 역시 놀이를 자기 일로,
동화를 자신의 진리로 느끼기 때문이다.
(…)
하지만 짧은 삶을 살면서
나이를 지나치게 꼼꼼하게 구분해서는 안 된다.

– 프리드리히 니체,『인간적인 너무나 인간적인 2』

니체는 사람들이 별로 길지 않은 시간을 살면서 인생의 단계를 꼼꼼하게 구분하는 것을 못마땅하게 생각했다. 왜 그런가? 예컨대, 24시간을 사는 하루살이가 시간의 흐름에 따라 자기 인생을 유년기, 청년기, 장년기, 노년기로 구분하는 것은 의미가 있을까? 짧은 생을 두고 지나치게 인생의 시기를 세분하는 것은 그다지 의미도 없을 뿐 아니라 유용해 보이지도 않는다. 사람도 마찬가지다. 억겁의 관점에서 보면 인생도 '찰나'다. 인생을 세세하게 구분하면 얼마 지나지 않아 동화나 놀이를 즐기지 못하게 된다. 그러한 활동은 유년 시절에만 할 수 있다고 생각하기 때문이다. 따라서 인생의 단계를 세세하게 나눌수록 더 빨리 늙어버린다. 짧디짧은 인생을 살면서 단계를 세분화할 필요가 없다.

젊음이 행복하다?

젊음이 행복하다는 것은 환상이며
그것은 젊음을 잃어버린 사람들의 환상이다.
하지만 젊은이들은 자기들이 비참하다는 것을 안다.

– 서머싯 몸, 『인간의 굴레에서』

사람들은 젊음은 긍정하지만, 늙어감을 서글퍼하는 때가 많다. 노
년보다는 젊음의 시기가 행복하다고 믿기 때문이다. 젊음이 행복
하다는 명제는 사실로 증명된 것일까? 당연히 아니다. 서머싯 몸
은 "젊음이 행복하다는 것은 환상"이라고 단언했다. "10년만 젊었
으면!"이라고 말하는 사람은 이미 "젊음을 잃어버린 사람"이다. 자
신이 청춘이라고 생각하는 사람은 과거를 그리워하지 않는다. 청
춘의 시기인 현재를 즐기는 것에 여념이 없다. 주변을 둘러보라. 젊
은이 중에 "지금이 인생에서 가장 행복한 시기"라고 말하는 사람은
거의 없다. 오히려 '가진 것도, 이룬 것도 없어서 비참하다'라고 말
하는 청춘도 적지 않다. '청춘예찬'을 부르짖는 사람은 젊은이가 아
니다. 청춘을 잃어버린 나이 든 사람이다. 그래서 '환상'이다.

나이를 먹는 법

나이를 먹는 법을 안다는 것은
무엇보다도 젊음에 집착하지 않고,
자기 나이에 맞는 새로운 우아함을 찾는 것을 의미한다.
그것이 바로 지혜로움이다.

– 질 들뢰즈, 「세미나–천 개의 고원」

사람들은 젊음을 오래 유지하기 위해 온갖 노력과 수고를 마다하지 않는다. 주로 어떠한 노력을 기울이는가? 대부분 몸매나 피부관리, 성형 등 주로 신체적 노화를 늦추는 것에 초점이 맞추어져 있다. 하지만 이러한 노력은 번번이 실패로 끝나고 만다. 나이가 들수록 투자는 늘려야 하지만 효과는 미미해지기 때문이다. 중년이 되어서도 여전히 20대의 젊음에 집착한다면, 이는 제대로 나이 먹는 법을 모르는 상태다. 들뢰즈에 의하면, 20대의 젊음과 40~50대의 젊음은 개념이 달라야 한다. 20대가 젊고 발랄함을 청춘의 표상으로 삼는다면 40~50대 중년은 그 나이에 맞는 우아함과 원숙미를 갖추어야 한다. 요컨대, 중년이 되면 20대 청춘이 가진 젊음을 부러워하기보다는 그들이 갖지 못한 새로운 청춘을 창조해야 한다. 그것이 제대로 나이를 먹는 법을 아는 것이고, 지혜로움이다.

아직 오지 않은 날들을 위하여

노년이 청춘에게 부러워하는 것은 단지
활력, 아름다움, 위험을 무릅쓰는 패기,
인지적 유연성만이 아니다.
매일 아침 쌩쌩하게 새로 태어나는 삶의 자세다.

배우고 발견할 것도 많고,
한번은 해봐야 하는 일, 느껴봐야 할 감정이 많은
청춘이 부럽다.

이 본능적 욕구를,
설령 순진해 빠진 사람이 되는 한이 있더라도
끝까지 지켜야 한다.

– 파스칼 브뤼크네르, 『아직 오지 않은 날들을 위하여』

노년이 되면 청춘이 가진 매력들, 예컨대 청춘의 활력, 신체적 아름
다움, 위험을 감수하는 패기, 사고의 유연성 등을 부러워한다. 하지
만 브뤼크네르는 "매일 아침 쌩쌩하게 새로 태어나는 삶의 자세"를
배워야 한다고 충고한다. 무언가를 끊임없이 배우려는 학습 욕구,
새로움을 발견하는 호기심, 아직 해보지 못한 일에 대한 도전 의식,

그동안 맛보지 못했던 감정을 느끼는 감수성 등이다. 노년이 되어서 이런 삶의 자세를 가지면 자칫 주변 사람들로부터 "순진해 빠진 사람"이라는 평가를 받을 수도 있는데, 그러한 것은 기꺼이 감수해야 한다. 그것은 청춘만이 갖는 본능적 욕구이기 때문이다.

10

    책임이란 어떤 일이나 대상에 대한 의무나 부담을 지는 일을 말한다. 대통령에게는 국민의 안녕과 행복에 대한 책임이 있고, 가장에게는 가족을 부양할 책임이 있다. 그뿐만 아니라 개개인에게도 각자의 행위에 따른 책임이 주어진다. 예컨대, 부모가 자녀를 낳으면 그 순간부터 자녀 양육에 대한 책임이 발생한다. 반려견을 입양하면 주인에게는 그 강아지를 돌볼 책임이 자동으로 주어진다. 우리가 어떤 행위를 하면, 그로 인해 발생할 책임까지 부담한다는 것을 의미한다.

    하지만 간혹 자기 행동에 대한 책임을 외면하거나 자신에게 책임이 있다는 사실을 외면하는 사람이 있다. 강아지가 귀여워서 입양했다가 제대로 돌보지 않고 다시 길거리에 내다 버리는 예가 여기에 해당한다. 그는 왜 강아지를 유기한 것일까? 생텍쥐페리의 『어린 왕자』에 이런 대목이 나온다. 자기 별에 사랑하는 장미꽃을 두고 온 어린 왕자에게 사막여우가 다음과 같이 조언한다. "네가 길들인 것에게 언제까지나 책임을 져야 해. 네 장미꽃을 책임져야 한다고…" 여기서 '길들인다'라는 것은 사랑한다는 뜻이다. 결국 생텍쥐페리는 자신이 사랑하는 대상에게는 언제까지나 책임을 져야 한다고 보았다.

'책임'에 대하여

　자신이 입양한 반려견을 도중에 유기한 사람은 강아지에 대해 끝까지 책임을 지지 않은 셈이다. 그러한 무책임한 행동의 배경에는 그가 강아지를 진정으로 사랑하지 않았다는 사실이 숨어 있다. 만약 진정으로 사랑했다면 차마 강아지를 길거리에 내다 버리는 행동까지는 하지 않았을 것이다. 이처럼 우리가 책임을 진다는 것은 자신에게 주어진 의무나 역할을 다한다는 의미를 넘어서는 개념이다. 그것은 상대방을 진실로 사랑하고 있음을 보여주는 것이며, 사랑을 몸소 실천하는 행위다. 한마디로 매우 거룩하면서도 고귀한 행위에 속한다.

　모든 권력과 권위에는 책임이 뒤따른다. 독일의 사회학자 막스 베버가 이런 말을 했다. "책임과 권위는 동전의 양면과 같다. 권위 없는 책임이란 있을 수 없으며, 책임이 뒤따르지 않는 권위도 있을 수 없다." 사람들이 사회 지도층 인사에게 막강한 권력과 높은 지위를 부여한 이유는 그것에 상응하는 막중한 책임을 부담하기 때문이다. 따라서 자신에게 주어진 책임을 회피한다면, 부담만 벗어던진 것이 아니라 권위까지 내던진 꼴이 된다. 책임과 권위는 언제나 함께하기 때문이다. 따라서 인간에게는 책임지는 자세가 중요하다. 책임이라는 토양 위에서만 사랑과 연대, 권위와 존경심이라는 식물이 꽃을 피울 수 있다.

나를 넘어선 사랑

인간이 된다는 것, 그것은 바로 책임을 지는 것이다.
그것은 자신과 관계없는 것처럼 보이는 비참함 앞에서
부끄러움을 아는 일이다.
그것은 동료들이 거둔 승리를 자랑스럽게 여기는 일이다.
그것은 자신의 돌멩이 하나를 놓으면서
세계를 건설하는 데 일조한다는 것을 느끼는 일이다.

- 생텍쥐페리, 『인간의 대지』

생텍쥐페리는 다른 동물과 구분되는 인간만의 특성을 '책임'에서 찾았다. 자신과 관계없는 것처럼 보이는 비참함에도 부끄러움을 아는 일도 그중 하나다. 예컨대, 요즘 젊은이들이 극심한 취업난에 시달리는 모습을 보면서 선배 세대로서 책임감을 느낀다면 그는 인간이라 할만하다. 또한, 동료의 승리에 배 아파하지 않고 축하하며 함께 자랑스럽게 여기는 것도 책임의 일종이다. 자신이 행한 사소한 일에서조차 세계 건설에 일조한다는 마음을 갖는 것, 이 또한 책임감의 일종이다. 모든 일에 기꺼이 책임질 줄 아는 사람이 진정한 인간이다.

타인에 대한 공감

사랑의 경험 속에 인간다운 인간이 되는
유일한 해답이 있고 건전성이 있다.
그런데 이러한 생산적 사랑은
항상 몇 가지 태도를 함축하고 있다.
주의, 책임, 존중, 지식이라는 특정의 태도 등이다.

여기에서 내가 책임을 갖는다는 것은
그의 욕구, 그가 표현할 수 있는 욕구,
그리고 더 나아가서 그가 표현할 수 없거나
표현하지 않는 욕구에까지 반응을 보인다는 것이다.

— 에리히 프롬, 『건전한 사회』

에리히 프롬은 진정한 사랑, 생산적 사랑에는 "주의, 책임, 존중, 지식"의 태도가 내포되어 있다고 보았다. 달리 말하면, 이러한 태도가 없다면-입으로 아무리 사랑을 외쳐도-진정한 사랑이 아니다. 그렇다면 사랑의 태도로서 책임은 어떤 의미일까? 그것은 상대방의 욕구에 반응을 보이는 것이다. 갓난아기가 갑자기 울음을 터뜨리면 엄마는 즉각 반응을 보인다. 그냥 방치하는 일은 절대 없다. 이는 엄

마가 사랑하는 아기에게 갖는 책임 때문에 나타나는 반응이다. 이 때 욕구란 상대방이 표현한 욕구뿐만 아니라, 표현할 수 없거나 무슨 이유에서건 표현하지 않은 욕구까지 포함한 개념이다. 상대방의 욕구에 아무런 반응을 보이지 않으면 책임을 지지 않는 것이고 사랑하지도 않은 것이다.

낯선 이에 눈뜨기

책임성이란 다른 사람에 대한 책임성이다.
그러므로 내 문제가 아닌 것에 대한 책임성이요
얼핏 보면 나와 상관없는 것에 대한 책임성이다.
(…)
참으로 사람다운 삶은
있음의 차원에 만족하는 조용한 삶이 아니다.
사람답게 사는 삶은
다른 사람에게 눈뜨고 거듭 깨어나는 삶이다.

– 에마뉘엘 레비나스, 『시간과 타자』

레비나스는 자신과 비슷한 사람과 조화롭게 지내는 상태가 진정한 타자와의 관계는 아니라고 보았다. 진정한 타자성은 동질성이나 조화 속에 생기는 것이 아니라 이질성과 낯섦 속에서 발견되기 때문이다. 따라서 그는 타자와의 관계에서 '환대'와 '책임'을 강조했다. 그가 말하는 책임이란 나와 관련이 있거나 친밀한 사이에서만 발생하는 것이 아니다. 나와 전혀 관련이 없는, 낯선 사람에 대해서도 책임을 져야 한다. 예컨대, 자국의 정치적 혼란으로 난민 신세가 된 사람들이 우리나라를 찾아오면 환대해 주고 책임지는 자세를 보여야 한다. 우리와 관련이 없는 타자에게 책임을 다하는 것이 진정 사람답게 사는 삶이다.

내 안의 아이히만

아우슈비츠나 굴락*, 히로시마의 도덕적 교훈 중 가장 충격적인 것은 우리가 철조망 안에 갇히거나 가스실에 들어갈 수 있다는 것이 아니다.
'적당한 조건'이라면 우리가 가스실의 경비를 서고, 그 굴뚝에 독극물을 넣는 역할을 할 수 있다는 것이다.
그리고 우리의 머리 위에 원자폭탄이 떨어질 수 있다는 게 아니라, '적당한 조건'이라면 우리가 다른 사람들의 머리 위에 그것을 떨어뜨릴 수 있다는 것이다.

– 지그문트 바우만, 『유동하는 공포』

● 굴락 : 소련의 강제 수용소

1961년 예루살렘에서는 나치 친위대 지도자였던 아돌프 아이히만의 전범 재판이 열렸는데, 거기서 아이히만은 자신에게는 아무런 책임이 없음을 항변했다. 단지 위에서 시켜서 한 일이며 자신은 맡은 바 임무에만 충실했을 뿐이라고 강조했다. 재판을 가까이서 취재했던 한나 아렌트는 아이히만의 행동을 '악의 평범성banality of evil'이란 개념으로 설명했다. 수백만 명의 학살에 깊숙이 관여했던 자가 사악한 괴물이나 악인이 아니라 우리 주변에서 흔히 볼 수 있는 평범한 사람이었다는 설명이다. 이어서 지그문트 바우만은 『유동하는 공포』에서 오늘날에는 누구나 아이히만이 될 수 있다고 경고했다. 단지 차이가 있다면, 지금 우리는 수천 명의 인간을 굳이 죽이지 않아도 되는, 덜 심각한 상황에 놓여 있을 뿐이다. 만약 '적당한 조건'이 갖추어진다면 우리도 언제든 아우슈비츠 굴뚝에 독극물을 넣을지도 모른다.

책임의 한계

사람의 일생에는 우발적인 사건이란 존재하지 않는다.
갑자기 나를 끌어들이는 사회적 사건도
밖으로부터 오는 것이 아니다. (내가 선택한 것이다.)
만약 내가 어떤 전쟁에 동원된다고 하면,
그 전쟁은 나의 전쟁이다.

– 장 폴 사르트르, 『존재와 무』

칸트는 "자유가 없으면 책임도 없다"라는 말로 책임의 한계를 분명히 했다. 당사자에게 다른 선택의 자유가 없었다면 책임을 지지 않아도 된다는 뜻이다. 하지만 사르트르는 인간의 자유는 무한하기에 책임도 무한하다고 보았다. 선택의 자유가 무한하기에 "사람의 일생에는 우발적인 사건이란 존재하지 않는다." 모두 자신이 선택한 일이다. 설령 내가 어떤 전쟁에 동원되었더라도 그것은 어쩔 수 없는 선택이 아니라 자기 선택의 결과다. 따라서 그 전쟁은 자신의 전쟁이다. 이처럼 사르트르는 인간이 자유를 극한까지 추구할 수 있기에 모든 것이 자기 책임하에 있다고 보았다. 말하자면, 자신이 어떤 모습으로 살든 간에 실존적 책임이 본인에게 있다는 뜻이다. 과연 실존주의 철학자로서의 면모가 엿보이는 대목이다.

11

알다시피 대한민국의 교육열은 지나치다 할 만큼 뜨겁다. 하지만 안타깝게도 공부를 많이 한다고 해서 행복해진다는 보장은 어디에도 없다. 가방끈의 길이가 곧 삶의 행복으로 직결되지 않는다는 사실은 주변을 조금만 둘러봐도 어렵지 않게 확인할 수 있다. 평소 공부를 누구보다 많이 했던 몽테뉴조차 "내 평생에 대학교 총장보다 더 현명하고 행복한 기능공과 농부를 수백 명이나 보았다"라고 말할 정도다. '식자우환'이란 말도 있듯이, 우리가 공부를 열심히 해서 아는 게 많아지면 덩달아 근심 걱정도 늘어난다. 평생 공부와는 담을 쌓고 살았지만, 누구보다 행복하게 사는 사람도 있다. 요컨대 지식의 양과 행복은 별 관련이 없다.

또 다른 공붓벌레인 볼테르는 생각이 조금 다르다. 그는 『어느 선한 브라민 이야기』에서 인도 현자의 입을 빌려 '행복한 멍청이'에 대한 자신의 의견을 피력했는데, 내용은 대략 이렇다.

인도에 한 현자가 있었는데 그는 매우 명철하고 박식했지만 불행했다. 현자의 주변에는 아는 것이라고는 전혀 없이 편협한 신앙심으로만 가득한 한 여인이 살았다. 그녀는 아무런 고민도 없이 세상에서 가장 행복한 여자처럼 보였다. 이때 누군가가 현자에게 물었다. "당신 옆집에는 아무 생각 없이도 행복하게 사는 늙은 여인

'지식'에 대하여

이 있는데, 당신은 늘 불행하다고 여기는 것이 부끄럽지도 않습니까?" 이에 현자는 답했다. "듣고 보니 당신 말이 맞는군요. 나는 내가 이웃집 여자처럼 멍청하다면 훨씬 더 행복할 거라고 백 번도 넘게 생각했습니다. 하지만 나는 그런 행복은 원치 않습니다." '행복한 멍청이'가 되기보다는 차라리 '불행한 소크라테스'가 되겠다는 뜻이다. 볼테르는 세속적 행복보다는 이성을 더 중요하게 생각했다. 그에게 있어 이성이란 진실에 기반한 행복을 구축하도록 이끄는 전제 조건이기 때문이다.

이렇듯 공부를 통해 지식을 쌓는 일에도 현자들의 생각이 엇갈린다. 그래서 우리에게도 공부에 대한 투자 여부를 결정할 타당성 조사가 필요하다. 공부할지 말지, 지식을 많이 쌓아야 할지 적당한 수준에서 그칠지에 대한 최소한의 검토가 필요하다. 실행은 그 뒤에 해도 늦지 않다.

책이 준 선물

책은 나에게
모든 자유가 잠정적임을,
자유는 자신이 노예상태에 있음을,
아니면 무엇인가에
맹목적으로 헌신하고 있는 것에 불과한 것임을
가르쳐 주었다.

– 앙드레 지드, 『지상의 양식』

책을 읽으면 아는 게 많아져서 삶이 자유로워질까? 실상은 그 반대
다. 앙드레 지드의 고백처럼, 책은 현재의 자유가 잠정적이고, 자신
이 노예 상태에 놓여 있음을 자각하게 만든다. 그게 아니면, 뭔가에
맹목적으로 헌신하는 상태를 자유라고 느끼고 있음을 깨닫게 해준
다. 책은 현실을 있는 그대로 보여주는 거울이다. 스마트폰과 TV와
같은 미디어는 현실을 아름답게 포장하여 비추어주지만, 딱딱한

책은 우리가 살아가는 세상의 실제 모습과 그 속에서 살아가는 자신의 '맨얼굴'을 있는 그대로 적나라하게 보여준다. 그래서 요즘 사람들은 책을 가까이하지 않는다. 결코 시간이 없어서가 아니다. 현실을 있는 그대로 보는 것이 두려워서다. 자신의 '맨얼굴'을 마주하기 싫어서다.

나는 나의 세계이다

5.6   나의 언어의 한계는 나의 세계의 한계를 의미한다.

5.62   세계가 나의 세계라는 것은,
         언어(내가 유일하게 이해하는 그 언어)의 한계는
         나의 세계의 한계를 의미한다.

5.621   세계와 삶은 하나다.

5.63   나는 나의 세계이다. (소우주)

– 비트겐슈타인, 『논리철학논고』

인간은 전체 세계를 알 수 없다. 오직 '나의 세계'만을 알 수 있을 뿐
이다. 이때 '나의 세계'란 보고 듣는 것, 즉 시각과 청각의 한계만을
의미하는 것은 아니다. 더 정확히는 '언어의 한계'를 의미한다. 내가
언어로 표현하지 못하는(또는 포착하지 못하는) 세계는 이미 나의 세
계가 아니다. 모든 사람은 자신만의 세계를 구성하여 그 안에서 산
다. 언어의 한계에 의해 경계가 그어진 자신만의 '소우주'를 만들어
놓고 그 속에 거주한다. 따라서 자신의 세계(소우주)가 좁다고 느끼
는 사람이라면 책을 집어 들어야 한다. 나의 언어의 한계가 세계의
한계이기 때문이다.

진리의 함정

진리를 위해 죽을 수 있는 자를 경계하라.
진리를 위해 죽을 수 있는 자는
대체로 많은 사람을 저와 함께 죽게 하거나,
때로는 저보다 먼저,
때로는 저 대신 죽게 하는 법이다.

– 움베르토 에코, 『장미의 이름』

우리가 절대적 진리라고 믿는 것은 실은 하나의 해석이자 관점에 불과하다. 16세기까지만 해도 지구를 중심으로 천체가 돈다는 천동설은 반박할 수 없는 불변의 진리였다. 이후 지동설이 등장하면서 천동설은 어떤 학자가 주장한 하나의 관점에 불과하다는 사실이 밝혀졌다. 움베르토 에코도 소설 『장미의 이름』에서 도서관 장서였던 노老 수도사가 새로운 진리의 등장을 차단할 목적으로 살인을 저지르는 이야기를 통해 진리의 절대성을 믿는 것에 대한 위험성을 경고했다. 영원불변의 진리란 존재하지 않으니, 그것에 집착하지 말라는 교훈을 전하고 있다.

12

우리는 왜 책을 읽어야 할까? 여러 이유가 있겠지만, 가장 먼저 떠오르는 답변은 '지식이나 정보를 얻기 위함'이다. 책은 지식과 정보를 담아둔 매체다. 그래서 혹자는 책을 '지식의 보고'라고 말하기도 한다. 책 속에 지식이라는 보물이 들어 있다는 뜻이다.

하지만 오늘날에는 책을 보물이라고 말하기에는 아무래도 거리감이 느껴진다. 책을 보물처럼 여기던 시절은 책이 흔하지 않았던 옛날이다. 본디 보물의 가치는 희소성에서 나온다. 아무리 쓸모 있는 물건이라도 흔해지면 보물의 반열에 오르지 못한다. 정보와 지식에 손쉽게 접근할 수 있는 요즘에는 책을 보물처럼 소중하게 생각하기란 쉽지 않다. 지식정보화 시대에는 지식과 정보를 얻기 위한 수단으로서 책은 효용가치가 떨어진다. 지금은 책 말고도 지식과 정보를 얻을 수 있는 수단은 넘쳐난다. 스마트폰이나 인공지능은 정보와 지식 측면에서는 훨씬 탁월한 성능의 대체재인지도 모른다.

여전히 종이책을 읽어야 한다고 주장하는 사람도 많다. 움베르토 에코는 독서의 유용성에 대해 다음과 같이 말했다. "문맹인 사람(또는 문맹은 아니지만, 책을 읽지 않는 사람)과 비교해 볼 때 우리(독서를 많이 하는 사람)가 더 풍요로운 이유는, 그 사람은 단지 자신의

'독서'에 대하여

삶만 살아가고 또 앞으로 그럴 테지만 우리는 아주 많은 삶을 살았다는 데 있다." 에코에 따르면, 책을 읽지 않는 사람은 자기가 경험한 단 하나의 삶만을 살지만, 독서가는 아주 많은 삶을 산다는 장점이 있다. 철학자 데카르트는 "모든 양서를 읽는 것은 지난 몇 세기 동안 걸친 가장 훌륭한 사람들과 대화하는 것과 같다"라는 말로 독서의 유용성을 강조했다. 고전을 읽으면 역사상 가장 위대한 사람과 대화를 나누는 효과를 얻을 수 있다는 뜻이다.

중국의 비평가 린위탕林語堂도 독서의 필요성에 대해 다음과 같이 주장했다. "평소에 독서를 하지 않는 사람은 시간적으로나 공간적으로나 자기 하나만의 세계에 감금되어 있다. 그러나 그러한 사람들이라도 손에 책을 들면 별천지에 있는 자신을 발견하게 될 것이다." 그에 따르면, 우리가 책을 읽지 않으면 자기만의 세계에 감금될 위험이 있다. 자신이 경험한 것만이 세계의 전부인 줄 아는 '우물 안 개구리' 신세가 될 수도 있다는 뜻이다. 하지만 그런 사람조차 책을 들면 자기 앞에 그전에는 경험해 보지 못한 새로운 세계가 펼쳐진다. 이렇듯 우리가 독서를 해야 하는 이유는 차고 넘친다. 어떤 설교(?)든 한 가지에라도 현혹되어 독서의 세계에 발을 들였으면 한다.

독서의 본질

지금까지 우리의 인격을 형성해온 책 읽기란
대개는 순응하고 따르는 책 읽기라기보다는,
무언가에 반하고 맞서는 책 읽기였다.
(…)
모든 독서는 저마다 무언가에 대한 저항 행위다.

– 다니엘 페냐크, 『소설처럼』

현재 삶이 만족스럽지 않다면 책을 읽어야 한다. 남루한 현실에서
도 책을 손에서 놓지 않는 사람은 분명 자신의 삶에 저항하고 있는
자다. 반대로 책을 손에 놓은 채 현실의 무게에 짓눌려 별다른 저항
조차 못 하고 있다면, 그는 불만족스러운 삶을 단지 감내하는 자에
불과하다. 거창한 표현처럼 들릴 수 있겠지만, 책 읽기는 분명 혁명
이다. 독서는 삶에 대한 저항이자, 나를 옥죄고 있는 현실에 대한 반
항이다. 현실에 불만이 많을수록 책을 읽어야 한다. 독서가 그대를
자유롭게 하리라.

책의 역할

책은 '인간의 존재 방식'이다.
그러나 오늘날에는
책이 정보 제공이나 도구 사용의 매뉴얼로 이해되어
'인간됨'과 관련해서 책의 '존재론적' 의미가
지나치게 과소평가 되고 있다.

인간 존재는 '책으로 향한 존재'다.
책은 진정으로 인간적인 삶을 살게 해준다.

– 에마뉘엘 레비나스, 『인간의 얼굴을 가진 지식』

대체로 현대인들은 책을 좋아하지 않는다. 책보다 훨씬 뛰어난 '정보의 바다' 인터넷과 '콘텐츠의 우주(?)' 유튜브가 있기 때문이다. 이제 책은 지식의 보고가 아니다. 사람들은 더는 책에서 보물을 캐내려 하지 않는다. 대신 온종일 인터넷과 유튜브 속을 헤엄치고 있을 뿐이다. 그러나 이 때문에 인간의 존재 방식이 사뭇 달라졌다. 레비나스에 의하면, 책은 단지 정보 제공이나 도구 사용을 위한 매뉴얼이 아니다. 책은 '인간의 존재 방식'이며, 진정으로 인간다운 삶을 살게 해주는 실존적 도구다. 하지만 현대인들은 이러한 책의 존재론적 의미를 제대로 알지 못한다. 그 결과, 책과 멀리한 채, 끊임없이 인터넷과 유튜브라는 혼란한 정보의 소용돌이에 빠져서 유영하느라 정신이 없다. 이것이 진정 인간적인 삶이라고 할 수 있을까?

독서와 휴식

독서는 나에게 일종의 휴양이다.
독서는 나를 나 자신으로부터 해방하고,
다른 사람의 혼 속을 거닐게 한다.
독서는 나를 진지함으로부터 휴식을 취하게 한다.

– 프리드리히 니체, 『이 사람을 보라』

우리는 독서를 통해 타인의 경험이나 생각을 받아들임으로써 자신의 세계를 넓혀 나갈 수 있다. 자신의 세계가 넓을수록 그 속에서 여러 가능성을 발견하게 되고, 그로 인해 삶을 풍요롭게 만들 수 있다. 철학자 니체는 독서가 노동이 아니라 휴양이라고 말한다. 독서가 "나를 나 자신으로부터 해방하고, 나를 다른 사람의 혼 속을 거닐게" 해주기 때문이다. 독서를 하면 나는 호메로스도 될 수 있고, 플라톤도 될 수 있다. 칸트가 되기도 하고 들뢰즈가 되어 볼 수도 있다. 또한, 독서는 현실의 진지함에서 벗어나 휴식을 취하게 만들어 준다. 이렇듯 독서를 해야 하는 이유는 차고 넘친다.

13

자본주의 경제체제를 살아가는 사람은 돈이 필수 불가결인 요소라고 생각한다. 돈은 왜 필요한 것일까? 대체로 사람들은 여기에 대해 '먹고 살기 위해'라는 식의 원초적 답변으로만 일관하는 때가 많다. 틀린 말은 아니다. 하지만 단지 먹고 사는 문제를 해결할 목적 때문이라면 우리에게는 그다지 많은 돈이 필요치 않을 것이다. 오늘날에는 돈이 없어서 굶어 죽는 사람은 거의 없으니까 말이다. 솔직히 말하면, 오늘날 현대인들이 돈을 필요로 하는 이유는 의식주 문제에 국한되지 않는다.

다른 관점에서 생각해 보자. 우리는 돈을 많이 가지면 어떤 점이 좋아질까? 전국시대 사상가 맹자는 이런 말을 했다. "유항산자유항심有恒産者有恒心" 재산(돈)이 많은 사람은 변치 않는 마음을 가질 수 있다는 뜻이다. 맹자에 의하면, 돈이 필요한 이유는 그것을 가지면 마음이 흔들리는 것을 방지할 수 있다. 충분히 공감되는 주장이다. 대체로 돈이 없고 지갑이 얇으면 마음이 불안정하고 이리저리 잘 흔들린다. 지갑이 두둑하면 마음이 여유로워지고 인심이 후해진다. 무슨 일이 생겨도 크게 걱정하지 않는다. 여차하면 돈으로 해결하면 그만이니까.

그런데 문제는 우리가 아무리 돈을 원하고, 돈을 벌기 위해 노력

'돈'에 대하여

해도 뜻대로 되지 않는 때가 많다는 데 있다. 돈을 벌기 위해 직장생활을 열심히 해도 좀처럼 통장 잔액은 불어나지 않는다. 월급날이 되어도 돈은 잠시 통장에 머물다가 금방 사라져 버린다. 돈을 벌기 위해 이곳저곳 투자를 해도 성과는 미미하다. 솔직히 말하면, 원금을 까먹지만 않아도 다행이다. 해서, 대다수 사람에게 돈이란 '가까이하기엔 너무 먼 당신'이다. 요컨대, 오늘날 현대인들은 돈이 필수불가결인 경제체제를 살지만, 막상 돈을 모으기는 힘든 상황이다.

이제 우리는 어떻게 해야 할까? 돈을 버는 방법을 배우기에 앞서 돈에 대한 본질과 의미, 돈이 가지는 한계 등에 대해 자신만의 기준을 세울 필요가 있다. 철학자 베이컨이 이런 말을 했다. "돈은 최상의 하인이고, 최악의 주인이다." 돈을 제대로 알고 부리는 사람에게는 최상의 하인이 되어 주인을 보필하지만, 돈을 잘 모르는 사람에게는 돈이 주인이 되어 인간을 하인처럼 부릴 수도 있다. 돈이 충실한 하인이 될지, 외려 주인행세를 할지는 돈에 대한 자신의 철학과 돈을 대하는 습관에 달렸다.

돈의 철학

돈은 인간이 세계와 맺는 관계의 적절한 표현이다.
지상에서 돈은 세속적인 신이다.
(…)
돈이 주체의 세련화, 독특성 및 내면화를 가져올 것인가
아니면 돈이 가진 획득 가능성으로
주체를 예속화, 객체화하여
인간에 대한 지배자로 남을 것인가
이 문제는 돈이 아니라 인간 자신에게 달려 있다.

– 게오르그 짐멜, 『돈의 철학』

오늘날 우리는 돈이 곧 신인 세계를 살고 있다. 짐멜은 인간에게 돈
이 갖는 의미를 "돈은 인간이 세계와 맺는 관계의 적절한 표현"이
라고 했다. 사회적 동물인 인간은 어떤 형태로든 세계와 관계를 맺
으며 살 수밖에 없는데, 이때 돈은 관계를 맺는 수단이자 표현이라
는 뜻이다. 이는 달리 말하면, 돈이 없다면 세계와 관계를 맺을 수도
없고 적절하게 자신을 표현할 수도 없다는 뜻이기도 하다. 한편, 오
늘날 신의 지위에 오른 돈은 모든 것을 지배하는 상징이 되었다. 그
결과 이제 인간은 중심이 아니라 주변으로 물러나고 말았다. 외화

外化된 것이다. 하지만 짐멜은 돈을 부정적으로만 보지 않았다. 그에 따르면, "가장 내면적인 것을 지키는 수문장"이 되기도 한다. 어쨌거나 돈이 있다면, 우리는 개인적 자존심이나 독특성을 그나마 지킬 수 있다. 결국 오늘날 현대인들은 돈을 숭배할 수도, 외면할 수도 없는 처지에 놓였다. 돈이 주체의 세련화, 독특성을 가져올지, 인간의 지배자가 될지는 결국 돈이 아니라 그것을 대하는 인간의 태도에 달렸다.

소유가 소유한다

소유가 소유한다.
소유는 단지 어느 한계까지만 인간을 더 독립적이고
더 자유롭게 만들어 줄 수 있다.

그 한계에서 한 단계만 나아가면,
소유는 주인이 되고 소유자는 노예가 된다.

– 프리드리히 니체,『인간적인 너무나 인간적인 2』

오늘날 돈은 절대적인 힘과 영향력을 가졌기에 돈을 좇는 것은 매우 자연스러운 일처럼 여겨진다. 또한 엄청난 돈의 힘 때문에 돈을 많이 가질수록 더 자유롭고 행복해진다고 생각하기 쉽다. 하지만 세상사가 그렇게 단순하지만은 않다. 철학자 니체는 돈이 주는 자유가 무한하지 않다고 주장하였다. 그는 "소유가 소유한다"는 말로 우리가 맹목적으로 돈을 소유하고자 하는 욕망을 경계하였다. 그에 따르면, 돈(소유)은 어느 단계까지는 우리를 더 독립적이고 더 자유롭게 만들어 준다. 하지만 그 경계를 넘어서면 오히려 관계가 역전된다. 돈(소유)이 주인이 되고 우리는 돈의 노예가 될 수도 있다.

재산의 부작용

그대의 머리가 피로한 것은
모두 잡다한 그대의 재산 때문이다.
그대는 자신이 그 '모든 것 중'
어느 것을 더 좋아하는지조차 모른다.
그리하여 그대는
삶만이 유일한 재산이라는 사실을 깨닫지 못한다.

-앙드레 지드, 『지상의 양식』

사람들은 재산이 삶을 살아가는데 필요한 요소라고 생각한다. 게다가 재산은 많을수록 좋다고 믿는다. 하지만 많은 재산wealth은 생활의 편리함을 가져다주기도 하지만 재산에 대한 관리에 많은 신경을 쓰게 만든다. 물론 재산이 너무 없으면 곤란함을 겪겠지만 재산이 너무 많아도 피곤해진다. 재산이 많을수록 그것을 관리하는데도 힘이 들기 때문이다. 한편으로, 많은 재산은 가치판단을 흐리게 만든다. 재산이 많을수록 나머지 요소들은 평가절하되기 일쑤다. 사람의 가치도, 사랑도, 우정도, 심지어 가족관계도 모두 재산을 중심에 두고 평가하게 된다. 지나치게 많은 재산은 사람의 눈과 귀를 막고 머리를 피로하게 만든다.

14

　가치란 어떤 사물이 지닌 쓸모를 뜻한다. 쉽게 말해, 사물에 대한 값어치를 말한다. 경제적 효용과 합리성을 추구하는 인간은 삶의 모든 것에 대해 '가치판단'을 내린다. 우리가 살면서 내리는 모든 선택도 가치판단의 결과다. 대학에서 전공은 무엇으로 할지, 졸업 후에 어떤 직업을 선택할지, 배우자는 어떤 사람이 좋을지 등에 대해서도 모두 각 대안에 대한 가치를 판단한 후 결정을 내린다. 흔히 인생을 '선택의 연속'이라고 표현하는데, 모든 선택에는 가치판단이 들어 있다. 따라서 이렇게 바꾸어 말할 수도 있다. 인생은 가치판단의 연속이며, 현재 나의 모습은 지금껏 내린 가치판단의 결과다.

　사람들은 모든 선택에 앞서 가치를 판단하지만, 그렇다고 해서 매번 올바른 가치판단을 내린다는 뜻은 아니다. 철학자 쇼펜하우어가 이런 말을 했다. "나는 모든 것의 가격을 안다. 그러나 어떤 것의 가치도 모른다." 흔히 시장에서 판매되는 물건에는 가격표가 붙어 있다. 가격이란 특정 물건이 시장에서 화폐와 교환되는 비율이다. 하지만 가격이 곧 그 물건의 가치를 뜻하는 것은 아니다. 가치는 물건의 쓸모에 대한 주관적 판단이다. 따라서 비싼 가격의 물건이라고 해서 모두 가치 있다는 보장은 없다. 큰 돈을 주고 샀는데,

'가치'에 대하여

몇 번 입지 않고 장롱 속에 처박아 둔 옷이 얼마나 많은지를 생각하면 쉽게 수긍이 될 것이다.

　사람들은 사물의 가치를 어떻게 측정할까? 여기에는 정답이 없다. 사람마다 상황마다 그 방법은 달라진다. 그럼에도 공통의 기준이 없지는 않은데, 대체로 물건의 가치는 그것을 얻기 위해 투입한 노력의 정도에 따라 결정된다. 독일의 사회학자 게오르그 짐멜이 이런 말을 했다. "사물의 가치는 그것을 획득하기 위해 요구되는 희생의 크기에 의해 측정된다." 어렵게 구한 물건일수록 가치 있다고 느끼지만, 너무 쉽게 손에 들어온 물건에 대해서는 가치를 느끼기 어렵다. 예컨대, 한푼 두푼 아껴서 든 적금이 만기가 되어 받은 천만 원과 카지노에서 운 좋게 번 돈 천만 원은 액수는 동일해도 당사자가 느끼는 가치는 사뭇 다르다.

　이렇듯 사물에 대한 가치평가가 주관적인 점, 그리고 상황에 따라서 달라지는 점 등을 고려할 때, 사물의 가치에 대한 본질과 의미, 가치평가 방법에 대한 다양성을 이해하는 것도 필요하다. 사물에 대한 올바른 가치판단이 곧 현재 자기 모습의 상당 부분을 결정하기 때문이다. 올바른 가치판단이 인생을 바람직한 방향으로 이끌어준다.

소유의 진정한 의미

소유의 진정한 가치를 모르면
그것을 '소유했다'라고 말할 수 없다.
대상을 자신이 원하는 대로 이용할 수는 있어도
그것이 자신의 온전한 소유물이 되지 못한다.
돈을 과시하기 위해 예술 작품을 사들이거나,
아이의 마음을 이해하려 들지 않고
성적만 신경 쓰는 부모가 그러한 예이다.

– 볼프강 폰 괴테, 『예술과 고전』

사람들은 될 수 있는 대로 많은 것을 소유하려 한다. 많이 소유할수록 더 나은 인생이 되리라는 믿음 때문이다. 하지만 괴테의 주장처럼, "소유의 진정한 가치를 모르면 그것을 '소유했다'라고 말할 수 없다." 예컨대, 벽면 가득히 장서가 꽂혀 있어도 한 번도 그것을 빼내어 읽지 않는다면, 많은 장서를 소유했다고 말할 수 없다. 그는 단지 지적인 사람으로 보일 수 있는 장식품을 가지고 있을 뿐이다. 금고에 수백억을 쟁여놓고도 그것이 줄어드는 것이 아까워 자린고비 노릇을 하고 있다면 결코 부자라 할 수 없다. 그는 돈을 많이 가졌지만, 그것이 자신의 온전한 소유물이 되지 못하기 때문이다.

가치의 상대성

침대가 없는 집에서는 밤에 덮고 자는 양탄자,
쿠션이 없는 차 안에서는
딱딱한 바닥에 내려놓고 베고 자는 베개가
값진 것이다.

그러나 모든 것을 잘 갖추고 있는 우리들의 집에서는
그렇게 값진 물건이 들어설 공간이 없다.
왜냐하면 그렇게 값진 물건의 봉사를 받을
여지가 없기 때문이다.

– 발터 벤야민,『사유이미지』

아무리 하찮은 물건이라도-인간이 그것의 가치를 어떻게 평가하
는 간에-나름의 가치를 가졌다. 모든 물건은 가치를 지녔지만, 그
것을 사용하는 이의 형편에 따라 평가는 달라질 수밖에 없다. 궁궐
같은 저택에 살면서 화려한 옷과 보석에 둘러싸여 사는 공주나 왕
자는 엔간한 선물에도 감흥이나 만족감을 느끼지 못한다. 기존에
가졌던 것들이 새로운 물건의 가치를 깎아내리기 때문이다. 벤야

민의 표현을 빌리면, 그들은 "값진 물건의 봉사를 받을 여지가 없기 때문이다." 반대로 별로 가진 것 없이 청빈하게 사는 사람에게는 모든 것이 선물이 된다. 이처럼 현실의 재물과 마음의 풍요로움은 반비례 관계에 가깝다. 재물이 많을수록 물건의 가치를 체감하지 못한다. 삶의 만족과 감사도 모른다.

필요와 행복의 관계

우리는 살아가면서 모으는 갖가지 가구나 물건이
결코 내면의 힘을 키워주지 못한다는 사실을
이해해야 합니다.

그런 것은 말하자면, 장애인의 목발과 같습니다.
그런 편의를 더 많이 가질수록 거기에 더 많이 의존하게 되고
삶이 그만큼 더 제약을 받습니다.
(…)
불필요한 물품과 재화를 소유할수록
행복을 받아들이는 능력이 그만큼 줄어든다는 사실을
우리는 이해해야 합니다.

– 이반 일리치, 『과거의 거울에 비추어』

이반 일리치는 간디의 소박한 오두막을 다녀온 뒤에 "이보다 더 큰 집이 있어야 할 까닭이 없다"라고 말했다. 그는 또, 주택과 집을 구분하면서, 주택은 사람이 짐과 가구를 보관하는 곳이라고 했다. 사람 자신보다 가구의 안전과 편의에 더 치중하여 만든 곳이란 뜻이다. 오늘날 우리는 온갖 편의시설이 갖추어진 '주택'에 산다. 하지만 좀처럼 만족하거나 삶이 풍요롭다고 느끼지는 못한다. 일리치의

주장처럼, 편의시설이 많아졌다고 해서 내면의 힘이 늘었다고 볼 수 없기 때문이다. 그것은 마치 '장애인의 목발'과도 같다. 편의시설이 많을수록 더 많이 의존하게 되고, 나중에는 그것 없이는 살아갈 수가 없다. 우리가 편의시설과 재화에 의존할수록 삶의 제약이 많아지고, 행복을 받아들이는 능력은 줄어든다는 점을 기억할 필요가 있다.

가격의 함정

경제학은 재화를 시장가치에 따라 평가하지,
실제 모습에 따라 평가하지는 않는다.
(…)
경제적 사고방식이 시장에 의존하는 만큼,
생명으로부터 신성함은 사라진다.
가격을 갖는 것에는
신성함이 존재할 수 없기 때문이다.

– 에른스트 슈마허,『작은 것이 아름답다』

돈이 가장 중요한 재화이며 경제학이 최고인 학문인 시대를 살아
가면서 우리는 점점 부분적이고 미시적 관점에 매달리게 되었다.
슈마허는 오늘날 경제학이 모든 재화를 시장가치로만 평가할 뿐
실제 가치에는 주목하지 않는다고 비판했다. 그는 또, 시장가격으
로만 평가하는 사고방식으로 인해 정작 물건의 신성함이 사라진다
고 주장했다. 가령, 대대손손 전해지는 유물인 반지를 금은방에 들
고 가 시장가격이 얼마인지를 확인하는 순간, 그것의 신성함은 사
라지고 만다. 물건에 가격표가 붙는 순간, 그것이 가진 신성함이나
고유성은 사라지고 시장에서 거래되는 상품으로 변하고 만다.

15

　인간을 포함한 모든 생명체는 자유를 갈망한다. 동물이라고 예외는 아니다. 동물원에 가면 사자나 호랑이와 같은 맹수들이 좁은 울타리 안에 갇혀 있는데, 그들의 일상을 보고 있으면 '사람보다 팔자가 좋다'는 생각이 들기도 한다. 특별히 하는 일 없이 빈둥거려도 때가 되면 맛난 음식을 챙겨주고, 편안한 잠자리도 제공해준다. 세상에 이런 상팔자도 없지 싶다. 하지만 한편으로는 측은지심이 발동하기도 한다. 명색이 천하를 호령하던 '백수의 제왕'인데 좁은 울타리에 갇혀서 자유를 빼앗겼다는 생각 때문이다. 아무리 좋은 집에서 맛난 음식을 매일 먹어도 당사자에게 자유가 없다면 그 신세는 처량할 수밖에 없다.

　자유란 소중한 것이다. 동물만 그런 게 아니다. 우리 인간에게도 자유란 무엇보다 소중하다. 우리도 누군가에게 자유를 빼앗겼다면 그 상태는 철장 속에 갇힌 맹수와 별반 다를 게 없다. 자유란 생명체라면 누구나 가지고 있는 본능이자, 행복한 삶을 위한 전제 조건이다. 그렇다면, 자유를 원하는 인간은 자신의 바람처럼 자유로운 삶을 살고 있을까? 사람들이 자유를 아무리 갈망해도 현실에서는 좀처럼 자유의 흔적을 발견하기란 쉽지 않다. 예컨대, 요즘 학생들의 일과를 한번 살펴보라. 도무지 자유라고는 찾아보기 어렵

'자유'에 대하여

다. 학교에서는 공부하느라 자유가 없고, 학교를 마치면 학원과 과외를 하느라 정신이 없고, 집에 돌아오면 숙제하느라 자유가 없다. 요즘 학생들에게는 '공부할 자유'만 있고 '놀 자유'는 없다. 그럼, 어른이 되면 상황이 나아지는가? 자유가 없기는 어른도 마찬가지다. 대체로 어른들은 먹고사는 문제 때문에 자유롭지 못하다. '목구멍이 포도청'이라 자유를 저당 잡힌 채 일터에 나가야 하고, 가족의 생계 때문에 '밥벌이의 지겨움'을 감내해야 한다. 오늘날에는 아이 어른 할 것 없이 자유가 쉽게 주어지지 않는 게 현실이다.

  이처럼 사람들은 자유를 간절히 원하지만 정작 일상 어디에도 자유를 찾아보기 어렵다. 왜 그런 것일까? 먹고사는 문제가 발목을 잡고 있기 때문일까? 그럴지도 모른다. 하지만 그것만이 원인의 전부는 아니다. 오늘날에는 경제적 여유가 있는 사람조차 자유를 누리지 못하는 때도 많다. 장 자크 루소가 『사회계약론』에서 인간의 상태를 다음과 같이 묘사했다. "사람은 자유롭게 태어났다. 하지만 여기저기 쇠사슬에 묶여 있다. 자기가 남의 주인이라고 생각하는 자도 사실은 그 사람들보다 더한 쇠사슬에 묶인 노예다." 루소에 따르면, 남의 주인이라고 생각하는 사람도 자유가 없긴 마찬가지다. 그들은 자신이 부리는 노예보다 더한 쇠사슬에 묶여 있다. 그렇다면, 도대체 자유는 어디에 있는 것일까? 자유란 '현실에서는 어디에도 존재하지 않는다'는 의미의 '유토피아'는 아닐까? 어디를 가야 자유를 만날 수 있을까?

움켜쥔 손

입구가 좁은 병 속에 팔을 집어넣고
무화과와 호두를 잔뜩 움켜쥔 아이에게
어떤 일이 일어나겠는지 생각해보라.
그 아이는 팔을 다시 빼지 못해서 울게 될 것이다.
이때 사람들은 이렇게 말할 것이다.
"과일을 버려라. 그러면 다시 손을 빼게 될 거야"
너희의 욕망도 이와 같다.

—에픽테토스, 『담화록』

에픽테토스가 보기에, 욕망이란 무엇인가를 '움켜쥔 손'과 같다. 무엇인가를 움켜쥐고 있을 때, 손은 자유롭지 못하다. 자유를 원한다면 손에 쥔 것을 미련 없이 버려야 한다. 욕망과 행복, 욕망과 자유는 결코 한 바구니에 담을 수 없다. 행복을 바란다면, 자유를 원한다면 욕망을 버려야 한다. 그것을 버리지 못해 미련을 갖는다면 병 속에 팔을 집어넣은 아이처럼 울게 될 것이다. 하지만 욕망을 버린다는 것은 말처럼 쉬운 일이 아니다.

자유의 굴레

인간이라는 이토록 불행한 존재에겐
태어나면서부터 받은 자유라는 선물을 넘겨줄 대상을
어서 빨리 찾는 것보다 더 고통스러운 근심거리는 없다.
(…)
인간에게 양심의 자유보다 더 매혹적인 것은 없지만,
이보다 더 고통스러운 것 또한 없다.

−도스토옙스키,『카리마조프가의 형제들』

실존주의 철학자 사르트르에 따르면, "인간은 자유롭도록 저주받
은 존재"다. 생명체 중 유일하게 인간에게만 자신의 존재 방식을 선
택할 자유가 주어졌다. 하지만 자유가 주어졌다는 사실이 모든 이
에게 축복은 아니다. 사르트르에게 그것은 '저주'이며, 도스토옙스
키에게는 '불행'이다. 이제 인간은 뭘 하고 살지, 어떻게 살아야 할
지를 스스로 결정해야만 한다. 무한정의 자유를 앞에 두고 깊은 고

민에 빠진 인간은 그것을 단번에 해결하는 방법을 찾았다. 그것은 바로 자유의 권리를 넘겨줄 대상을 찾아서 양도하는 일이다. 그렇게만 한다면, 다른 동물들처럼 머리 쓰지 않고 별다른 고민 없이 살아갈 수 있기 때문이다. 신은 인간에게 자유라는 선물을 주었지만, 인간은 그것을 거부해 버렸다. 그만큼 자유란 매혹적이면서도 고통스러운 것이다.

우리는 왜 불안한가

인생이라는 것은
정신적인 면에 있어서나 심리적인 면에서나
당연히 불안하고 불확실한 것이다.
우리가 태어났고 또 죽을 것이라는 사실만이 확실하다.

강력하고 지속적일 것으로 기대되는 힘,
또는 결정을 하거나, 위험을 무릅쓰거나,
책임을 질 필요성에서 벗어나게 해주는 힘,
바로 이 힘에 복종할 때에만 완전한 안전이 존재한다.

자유로운 인간은 필연적으로 불안하고,
사고하는 인간은 필연적으로 불확실하다.

–에리히 프롬,『건전한 사회』

인간을 포함한 모든 생명체는 안전을 원한다. 안전은 언제, 어떻게
주어질까? 프롬에 따르면, 어떤 강력한 힘에 복종하거나 어떤 결정
이나 책임을 누군가에게 위임할 때 안전하다고 믿는다. 말하자면,
결정이나 책임에 대한 자유를 내던져 버림으로써 안전해질 수 있
다고 믿는다. 하지만 이런 생각도 '완전한' 것은 아니다. 이 세상 어
디에도 절대적인 힘은 존재하지 않기 때문이다. 따라서 안전을 얻

기 위해 자유를 포기하는 것은 결코 현명한 선택이 아니다. 차라리 다소 불안하지만 자유롭게 살기로 마음먹는 편이 더 낫다. 프롬의 주장처럼, 자유로운 인간은 필연적으로 불안하고, 사고하는 인간은 필연적으로 불확실하기 때문이다. 안전을 보장받기 위해 용을 쓰기보다는 차라리 불안과 불확실을 당연하게 여기고 이를 즐겨야 한다. 그것이 인간의 처한 조건이자 실존적 한계다.

16

철학자 데카르트는 "나는 생각한다, 고로 존재한다"라는 유명한 말로, 인간의 존재를 증명한 바 있다. 사람은 누구나 자신이 '존재하고 있다'라고 생각한다. '생각하는 나'가 있고, 그 사실은 명백하기 때문에 '나는 존재한다'라는 명제는 반박 불가능한 명백한 진리라고 믿는다. 하지만 실존철학에서는 '존재'와 '실존'을 구분한다. 존재하는 것과 실존하는 것에는 엄연히 차이가 있다는 뜻이다. 그럼, 존재와 실존은 무엇이 다른가?

존재란 영어로는 'being'에 해당하는데, 그냥 놓인 대로 있는 상태를 말한다. 지금 내 손 아래에는 키보드가 놓여 있고, 앞에는 노트북이 놓여 있다. 키보드와 노트북은 현재 상태를 자신이 선택한 것이 아니다. 그냥 누군가가 그렇게 놓아두었기 때문에 그렇게 있을 따름이다. 이런 상태를 '존재'라고 부른다. 주로 사물이 존재하는 방식이 '존재'다. 이와 달리, 인간의 존재 방식은 '실존'이라고 부른다. 실존이란 영어로는 'existence'인데, '바깥을 향해 열려 있다'라는 의미다. 즉, 실존은 사물처럼 놓인 대로 존재하는 것이 아니라 자신의 존재 방식을 스스로 선택한다는 뜻이다.

독일 철학자 하이데거는 "인간만이 실존한다"라면서 실존이란 인간만이 가질 수 있는 특유의 존재 양식이라고 보았다. 앞서 보았

'실존'에 대하여

듯이, 사물은 실존할 수 없다. 그냥 '존재'할 뿐이다. 하이데거는 실존하는 인간을 두고 "스스로 존재하면서 스스로 존재에 대해 이해하려는 존재자"라고 표현했다. 인간만이 자신의 존재 방식을 선택할 수 있으며, 나아가 인간만이 현재 자신의 존재 상태에 대해 "나는 지금 실존하고 있는가?"라는 질문을 던지고, 스스로 반성한다는 뜻이다. 결국 실존이란 아무에게나 붙일 수 있는 단어가 아니다. 자신의 존재 방식을 스스로 선택한 때에만 사용할 수 있는 표현이며, 끊임없이 자신의 존재 방식에 대해 질문을 던지고 반성하는 사람에게만 붙일 수 있는 고귀한 단어다.

하이데거는 사물의 존재 방식을 '존재', 인간의 존재 방식을 '실존'이라고 구분하였지만, 모든 인간이 실존한다고 보지는 않았다. 스스로 존재 방식을 선택하는 것이 부담스러워서 실존하기를 포기한 채 남들이 정해준 방식대로 살아가는 사람도 적지 않다고 보았다. 이는 마치 누군가가 놓아둔 상태로 존재하는 사물과 별반 다르지 않다. 결국 실존이란 인간 특유의 존재 방식이지만 모든 사람이 실존하는 것은 아니다. 따라서 우리는 항상 자기 자신에게 물어봐야 한다. "나는 지금 실존하고 있는가?"라는 질문을 끊임없이 던져야 한다.

자기만의 길

세상에는 다른 누구도 아닌,
오로지 너만이 걸어갈 수 있는 길이
하나 있다.
그 길은 어디로 이어지는가?
묻지 말고 그저 걸어가라.

– 프리드리히 니체, 『반시대적 고찰』

철학자 니체는 사람마다 자기 앞에 각자의 길이 하나씩 놓여 있다고 보았다. "세상에는 다른 누구도 아닌, 오로지 너만이 걸어갈 수 있는 길이 하나 있다." 따라서 우리에게는 '어떤 길을 선택할 것인가'보다 각자의 길을 '얼마나 잘 걸어가는가'가 훨씬 더 중요한 문제다. 한편, 니체는 "우리는 자신 앞에 우리의 실존을 변명해야 한다"라고 주장하면서 삶에 대한 자신의 책임을 강조했다. 스스로 어떤 길을 갈지(어떻게 실존할지)를 선택하고, 그 결과에 대해서도 책임져야 한다는 주장이다. 요컨대, 우리 앞에는 자신만의 길이 단 하나 있는데, 그 길을 흔들리지 말고(묻지 말고) 그저 걸어가는 것이 중요하며, 그것이 곧 실존의 길이다.

인생 항로

인생 항로란 대개 구부러지고 굴절되어
실망스럽기 그지없지만,
항상 기대에 못 미치고 교과서적이지 않은 삶의 여정이
진정한 실존 조건을 대변하게 될 것이다.

한눈을 팔지 않고 규정된 대로만 산다면,
이는 오히려 '삶이란 무엇인가'라는 규정에 어긋날 것이다.

늙어서 나무랄 데 없이 성공적인 삶을 살았다는
의식으로 죽는다면,
어깨에 보이지 않는 배낭을 메고 매 단계를 오점 없이 끝마친
모범생의 인생과 같을 것이다.

– 테오도르 아도르노, 『미니마 모랄리아』

대체로 인간은 완전성을 갈망한다. 하지만 우리 앞에 펼쳐진 인생
항로는 시원하게 뻥 뚫린 일직선 도로가 아니다. 대개는 구부러지
고 굴절되어 있으며, 중간에 끊어진 곳도 많은 산길에 가깝다. 왜냐
하면-아도르노의 주장처럼-인생 항로는 본디 불충분하기 때문이
다. 하지만 인생 항로의 불충분함이 실패를 의미하지는 않는다. 우

리는 그 불충분성 때문에 실존에 대한 근본 질문들-가령, 삶이란 무엇인가?-에 대한 성찰과 깨달음에 이를 수 있다. 인생 항로의 불충분성은 개개인의 독자성을 일깨워서 교과서적이지 않은 삶을 살게 만든다. 어디에도 나무랄 데 없고, 한 치의 오점도 없이 모범생으로만 산 인생이 반드시 성공적인 것은 아니다.

우리는?

우리는 세상 사람이 즐기듯 즐기고 만족스러워하며,
세상 사람이 보고 비평하듯
문학과 예술에 관해 읽고 보며 비평한다.

세상 사람이 세상을 피하듯
우리도 군중으로부터 몸을 도사리고,
세상 사람이 격분하듯이 우리도 격분한다.

이 세상 사람이 일상성의 존재 양식을 지배한다.

– 마르틴 하이데거,『존재와 시간』

이성적 동물인 인간은 자신이 스스로 사유하고 판단하고 행동한다
고 '생각'한다. 하지만 그것은 어디까지나 착각일 뿐이다. 인간은 자
기 눈이 아니라 '남'의 눈으로 세상을 바라보고, 자기 머리가 아니라
'타인'의 머리로 생각한다. 자기 가슴이 아니라 '군중'의 가슴을 빌
려서 흥분하고 때로는 격분한다. 이때 자기를 대신하는 '남, 타인,

군중'은 특정 대상이 아니다. '세상 사람世人'이라 불리는 '모든 사람'
이다. 이처럼 세상 사람이 우리를 지배하는 존재 양식을 철학자 하
이데거는 '세인의 독재권'이라 불렀다. 결국 우리는 스스로 삶의 주
체가 아니라 사실은 세상 사람의 일상성에 예속된 채 살아간다. 하
이데거는 이런 존재 방식을 '비본래적 실존'이라 불렀다.

소유와 존재

만약 나의 소유가 곧 나의 존재라면,
나의 소유를 잃으면 나는 어떤 존재인가?
패배하고 좌절한, 가엾은 인간에 불과하며
그릇된 생활방식을 산 증거물에 불과할 것이다.

소유하고 있는 것이란 잃을 수 있는 것이므로,
나는 응당 내가 소유하고 있는 것을 언제이고 잃을세라
줄곧 조바심 내기 마련이다.

– 에리히 프롬, 『소유냐 존재냐』

에리히 프롬은 인간의 존재 양식을 '소유적 실존'과 '존재적 실존'으로 구분하고, 소유적 실존 양식에 따라 사는 사람은 행복하기가 힘들다고 주장했다. 자신의 소유가 곧 존재라면, 소유물을 잃으면 존재마저 사라지기 때문이다. 소유적 실존 양식에 따라 사는 사람은 그 소유물로 인한 행복감보다는 그것을 잃을세라 줄곧 조바심을 낸다. 돈을 많이 가진 자는 돈을 잃을까, 높은 지위에 있는 사람은 지위를 잃을까 걱정한다. 그의 소유물은 행복을 주기보다는 불안감만을 가중할 뿐이다. 요컨대, 소유적 존재 양식은 그릇된 생활방식이다.

17

선악이란 착함과 악함을 나누는 도덕적 기준을 뜻한다. 그럼, 도덕이란 무엇인가? 도덕이란 사회 구성원들의 양심이나 여론, 관습 등에 비추어 마땅히 지켜야 할 행동 준칙이나 규범을 말한다. 예컨대, '무고한 사람에게 폭력을 행사해서는 안 된다'라는 도덕 규범은 대다수 사회 구성원의 지지를 받는 행동 준칙이기 때문에 지켜야 마땅하다. 이러한 도덕을 지키지 않는 사람은 악인이 된다. 사회적으로 합의된 도덕 규범의 준수 여부가 선악의 판단 기준이 되는 셈이다.

문제는 선악 판단의 근거가 되는 도덕의 기준이 누가 보더라도 분명하고, 시공을 초월하여 절대적인가 하는 점이다. 독일 철학자 칸트는『실천이성비판』에서 이렇게 적고 있다. "내가 자주. 그리고 오랫동안 깊이 생각하면 할수록 내 마음을 늘 새롭고 한층 더 감탄과 경외심으로 가득 채우는 두 가지가 있다. 그것은 내 위에 있는 별이 빛나는 하늘과 내 속에 있는 도덕법칙이다." 칸트는 하늘에 빛나는 별이 있는 것처럼, 자기 마음속에는 분명한 도덕법칙이 자리 잡고 있다고 고백했다. 도덕에 대한 기준이 명확하다는 뜻이다.

철학자 니체의 생각은 이와 다르다. 그는『선악의 저편』에서 이렇게 주장했다. "도덕적인 현상이란 전혀 존재하지 않는다. 현상

'선악'에 대하여

에 대한 도덕적인 해석만이 있을 뿐이다." 니체에 따르면, 모든 도덕 규범은 시공을 초월한 절대적인 것이 아니다. 도덕 규범은 특정한 시기와 특정한 장소에서 형성된 사회적 여론이나 관습에 따라 정해지는 것이기 때문에 절대적이거나 고정된 것이 아니다. 언제든 변할 수 있다. 흔한 말로, '그때는 맞았지만, 지금은 틀릴 수도 있다.' 게다가 동일한 행위에 대해서도 시대나 장소에 따라 해석이 달라지기도 한다. 예컨대, 대한민국에서는 동성 결혼이 불법이지만, 미국의 어떤 주에서는 합법인 예도 있다.

프랑스 철학자 발터 벤야민이 『일방통행로』에서 이렇게 주장했다. "범죄자를 죽이는 것은 윤리적일 수 있다. 그러나 범죄자를 죽이는 것의 합법화는 결코 윤리적일 수 없다." 물론 벤야민도 공동체의 질서를 위해서는 윤리나 도덕 규범이 필요하다고 보았다. 하지만 그것을 법으로 명문화하는 것에는 반대했다. 왜냐하면 윤리나 도덕이 시공을 초월한 절대적 진리가 아니기 때문이다. 독일 철학자 칼 야스퍼스도 비슷한 주장을 했다. "도덕을 법제화하면 억압이 된다." 결국 모든 선악의 판단이나 도덕적 기준은 법으로 명문화할 수 없다. 각각의 상황과 시대, 문화와 관습에 따라 언제든 변할 수 있기 때문이다. 따라서 선악의 판단을 도덕 규범에만 맡기는 것은 현명한 태도가 아니다. 선악의 판단에 대한 자신만의 기준과 근거가 필요하다.

선악의 저편

괴물과 싸우는 사람은
자신이 그 과정에서
괴물이 되지 않도록 조심해야 한다.

만일 네가 오랫동안 심연을 들여다보고 있으면,
심연도 네 안으로 들어가 너를 들여다본다.

– 프리드리히 니체,『선악의 저편』

어떤 괴물이 자기 앞길을 가로막고 있다면 치열하게 싸워야 한다.
싸워서 이겨야 한다. 하지만 주의해야 할 점이 있다. 니체의 주장처
럼, 괴물과 싸우는 자는 자신도 모르는 사이에 괴물처럼 변할 수도
있다. 마치 드라큘라와 싸우던 사람이 드라큘라에게 물려서 자신
도 드라큘라가 되는 것처럼. 니체가 괴물과 싸우는 사람의 비유를
통해 경고하고 싶었던 진짜 메시지는 무엇일까? 괴물과 치열하게
싸우되, 단지 적대와 증오에만 머물러서는 안 된다는 것이 핵심이

다. 괴물과 싸우려면 먼저 적대와 증오를 가져야 한다. 하지만 거기
에 그쳐서는 안 된다. 그 단계에만 머무른다면 자신도 괴물처럼 변
할 가능성이 높다. 대상이 무엇이든 간에, 내면에 적대와 증오심만
가득하다면 그가 바로 '괴물'이기 때문이다. 자신의 삶을 가로막고
있는 괴물과는 치열하게 싸워야 한다. 하지만 더 중요한 것은 그 싸
움을 통해 새로운 삶의 방식을 만들어내는 일이다. 괴물이 가로막
고 있는 곳, 그 너머에 있는 삶에 다가가는 일이다.

이렇게 살아가도 괜찮은가

윤리적으로 사는 것은
곧 자기 자신의 이익을 초월하여 생각하는 것이다.

윤리적으로 생각할 때 우리 각자는
나름의 필요와 욕구를 가지고 있는 여러 존재 중
한 사람에 불과하다.
(…)
윤리적인 사고의 가장 근본적인 단계는
내 친구의 이익뿐만 아니라 내 적의 이익도,
내 가족의 이익뿐만 아니라 낯선 사람의 이익도
함께 고려하는 것이다.

-피터 싱어, 『이렇게 살아가도 괜찮은가』

다른 사람들과 더불어 살아가는 사회에서는 각 주체가 '윤리적으로 사는 것'이 무엇보다 중요하다. 하지만 각자가 처한 상황에 따라 윤리에 대한 해석이 다른 예도 많다. 그 결과, 각각의 주체는 나름 윤리적으로 산다고 하지만 사회 전체적으로는 비윤리적인 행동이 곳곳에서 자행되고 있다. 피터 싱어는 윤리적 삶의 기준을 "자기 자신의 이익을 초월하여 생각하는 것"이라고 명쾌하게 정의했다. 그에 따르면, 윤리적인 삶이란 정해진 도덕 규범을 지키는 것이 아니다. 자신의 이익을 초월하여 생각하며 사는 삶을 뜻한다. "내 친구의 이익뿐만 아니라 내 적의 이익도" 고려하고, "내 가족의 이익뿐만 아니라 낯선 사람의 이익도 고려"하는 것이다. 그렇지 않다면 아무리 그럴듯한 논리를 내세워도 결코 윤리적으로 사는 것이 아니다. 한 마디로 '내로남불' 하지 말란 뜻이다.

무엇을 더 우선해야 할까

추상적인 선을 실현하려고 하지 말고
구체적인 악을 제거하기 위하여 노력하라.
정치적인 수단을 사용하여 행복을 달성하려고 하지 말라.
오히려 구체적인 불행을 없애려고 노력하라.

– 칼 포퍼,『추측과 논박』

칼 포퍼는『열린 사회와 그 적들』에서 다음과 같이 적었다. "지상에 천국을 건설하고자 하는 최선의 의도가 있다고 해도, 그것은 단지 하나의 지옥을 만들 뿐이다." 역사에서 지상낙원을 건설하려던 시도는 모두 실패로 돌아갔기 때문이다. 따라서 그는 '천년왕국, 지상 낙원, 만인의 행복' 등과 같은 "추상적인 선"을 실현하기보다는 현실에 존재하는 구체적인 악이나 비참한 상태를 제거하는 데 주력하는 편이 낫다고 보았다. 노인 빈곤이나 청년 실업, 지구 온난화나 환경 파괴 등과 같이 실제로 존재하는 현실의 구체적인 불행을 해결하는 데 초점을 맞추는 것이 더 올바른 접근이라고 보았다.

18

철학이란 무엇일까? 국어사전에서는 철학을 다음과 같이 정의하고 있다. "인간과 세계에 대한 근본 원리와 삶의 본질 따위를 연구하는 학문." 철학에 대한 사전적 정의를 읽어봐도 도무지 뭔 소리인지 쉽게 이해되지 않는다. 철학은 왜 정의 내리기가 어려운 것일까? 우선 철학의 개념들이 너무 어렵다는 이유를 들 수 있다.

철학자 질 들뢰즈와 정신분석학자 펠릭스 가타리는 『철학이란 무엇인가』에서 철학자와 철학을 다음과 같이 정의했다. "철학자는 개념의 친구이며, 개념의 가능태이다. 철학은 개념들을 창출해 내는 학문이다." 그들에 따르면, 철학은 개념을 새롭게 만드는 학문이며, 그런 일을 하는 사람이 철학자다. 철학자는 사물이나 세계의 외형이나 현상에 내재한 본질을 사유하고, 그것을 기존에 없던 새로운 개념으로 포착하는 사람이다. 따라서 일반인이 듣기에 무슨 소리인지 알아듣기조차 힘든 때가 많다. 요컨대, 철학은 어렵고 난해한 데다가 딱히 정의 내리기 어려운 학문이다.

그러다 보니 철학이나 철학자를 비판하는 때도 있고, 철학에 대해 무용론을 펼치기도 한다. 마르크스는 다음과 같은 말로 철학자를 비판했다. "지금까지 철학자들은 세계를 단지 여러 가지로 해석만 해왔다. 하지만 정작 중요한 일은 세계를 변화시키는 일이다."

'철학'에 대하여

지금껏 철학자들이 세계나 현상을 해석하는 일은 그럴듯하게 해 냈으나 정작 세상을 좋은 방향으로 변화시키는 데는 별로 기여한 바가 없다는 뜻이다. 철학자 에밀 시오랑도 "철학은 인간에게 문제를 제기하는 법을 가르치지만 결국 인간을 각자의 운명 속으로 내팽개치고 만다"라고 지적했다. 철학자들은 인생이나 세상의 문제점에 대해서는 냉철하게 지적하고 비판도 가하지만 정작 해답은 주지 않고 각자 알아서 하라고 내버려 둔다는 것이다. 말하자면, 철학자들의 철학 놀음(?)이 정작 현실에는 별 도움이 되지 않는다는 뜻이다.

대체로 철학은 어렵다. 하지만 그렇다고 해서 쓸모가 없거나 현실과 무관한 학문은 절대 아니다. 철학자 칼 야스퍼스가 이런 말을 했다. "어중간한 철학은 현실을 저버리지만, 완전한 철학은 현실로 인도한다." 철학이 결코 현실과 무관한 학문이 아니라는 뜻이다. 제대로만 한다면 말이다. 결국 철학의 쓸모는 철학 그 자체에 있는 것이 아니다. 철학을 공부하는 사람의 몫이다. 현실에는 난해한 철학을 통해 인생의 새로운 지평을 연 사람도 많다.

욕망을 욕망한다

철학 한다는 것은
'지혜'를 욕망하는 것이 아니라
'욕망'을 욕망하는 것이다.

욕망은 철학과 더불어 방향을 달리하고,
자신을 다시 돌아보고,
자신을 욕망한다.

그래서 "왜 철학을 하는가?"에 대한 답은
"왜 욕망하는가?"라는 물음 안에 있다.
(…)
우리는 욕망하기 때문에 철학 한다.

– 프랑수아 리오타르,『왜 철학을 하는가』

리오타르에 따르면, 철학 한다는 것은 자신의 욕망을 돌아보는 행위다. 자신의 욕망을 돌아보고 의문을 제기하는 일이다. 나는 왜 돈을 욕망하는가? 나는 왜 이성을 욕망하는가? 나는 왜 권력을 욕망하는가? 등 자신의 욕망에 대한 기원을 찾는 행위다. 그래야만 자기 삶이 거짓이 아닌 진짜 욕망에 기초하고 있는지를 확인할 수 있기 때문이다. 하여, 철학 하지 않는 삶은 제대로 욕망하지도 못한 삶이다. 철학 함이 욕망함이요, 제대로 욕망함이 곧 철학이기 때문이다.

189

익숙함에서 벗어나기

사람이 **빵만으로** 살 수 없다는 게 철학자의 생각이다.

(…)

훌륭한 철학자가 되려는 우리에게 필요한 오직 한 가지는
놀라워할 줄 아는 능력이다.

(…)

하지만 이 세계는 아기가 제대로 말을 배우기 전에,
또 철학적으로 사고하는 법을 배우기 훨씬 전에,
이미 아기에게 익숙한 세계가 되고 만다.

(…)

따라서 네게 중요한 것은 이 세계를 당연하게 생각하는,
그런 사람과는 달라야 한다는 사실이다.

– 요슈타인 가아더, 『소피의 세계』

"빵이 아니면 죽음을 달라"고 외치는 사람도 있지만, 철학자는 빵
만으로는 살 수 없다고 생각한다. 철학자는 의식주보다는 자신이
누구이며, 이 세상은 어떻게 만들어졌는지, 어떻게 살아야 하는지
등에 대해 끊임없이 의문을 품고 질문을 해대는 사람이다. 그들은
왜 빵보다 그러한 질문을 중요하게 생각할까? 가장 큰 이유는 그들
이 여전히 아이와 같은 감수성과 세상을 경이롭게 바라보는 눈을

보유하고 있기 때문이다. 아이들이라면 누구나 가지고 있는, 세상을 보고 "놀라워할 줄 아는 능력"은 철학자의 필수요건이다. 따라서 사실 모든 사람은 철학자로 태어난다. 하지만 어른이 되면서 모든 것에 익숙해지고 세계를 당연하게 생각하면서 철학적 능력을 잃어버린다. 어른이 되어도 여전히 놀라워할 줄 안다면, 그는 여전히 철학자다.

철학 하다

여러분은 결코 저에게 '철학'을 배울 수 없습니다.
다만 여러분은 자신과 똑같은 어떤 한 사람이
'철학 하는 것'만을 볼 수 있을 뿐입니다.

– 임마누엘 칸트, 『순수이성비판』

철학자 칸트는 대학에서 철학 강의를 맡으면 항상 첫 시간에 위의
말을 건네면서 시작했다고 한다. 그에 따르면, 철학은 명사로서 '철
학'이 아니라 동사로서 '철학 하는 것'을 배우는 학문이다. 한마디로
철학이란 '철학 함'의 학문이다. 그렇다면 '철학 함'이란 무슨 의미
인가? '철학 함'은 '생각함'이다. 우리는 대부분 전문 철학자는 아니
다. 하지만 철학이 '철학 함', 다시 말해 '생각함'의 학문이라는 칸트
의 정의를 수용한다면, 우리라고 해서 철학을 하지 못할 이유가 없

다. 아니 우리도 철학을 해야 한다. 철학이란 자신에게 주어진 삶에 대해 아무 생각 없이 살아가는 것이 아니라 생각하면서, 다시 말해 이성적으로 사유하면서 살아가는 것을 말한다. 무의식적으로 주어진 삶을 사는 것이 아니라 자신에게 주어진 것에 대해 이유를 묻고 왜 그런지를 따지는 것이 철학이며, 그렇게 사는 사람이 바로 철학자다.

"생각하는 대로 살지 않으면, 사는 대로 생각하게 된다."

– 폴 부르제 –

채우고 비우고 단단해지는 시간들

초판 1쇄 발행   2024년 12월 18일

지은이   이호건
발행인   강재영
발행처   애플씨드

기획·편집   이승욱
디자인   육일구디자인
마케팅   이인철
CTP출력/인쇄/제본   (주)성신미디어

출판사 등록일   2021년 8월 31일 제2022-000065호

이메일   appleseedbook@naver.com
블로그   https://blog.naver.com/appleseed__
페이스북   https://www.facebook.com/AppleSeedBook
인스타그램   https://www.instagram.com/appleseed_book/

ISBN 979-11-986136-8-4   03100

애플씨드에서는 '성장과 성공의 소중한 씨앗'이 될 수 있는 원고를 기다립니다.
appleseedbook@naver.com